ACRO
POLIS
衛城
出版

U0146921

ACRO
POLIS
衛城
出版

One Child

The Story of China's Most Radical Experiment

獨生

中國最激進的社會工程實驗

方鳳美 Mei Fong——著

目次

臺灣版序

正當我在二〇一五年末寄出《獨生》試閱本之際，中國政府宣布即將改採二胎政策。那感覺就像中國共產黨給了我一份大禮，證實了我在書中所做的預測。書裡所有的研究和故事所記述的是一項走到末路的政策，而這項政策留給中國的是逐漸老去、男性比例太高、總人數又太少的國民。

然而，儘管我和其他人已經預料到這樣的結局，我卻不認為我們有想過中國的態度會逆轉得這麼突然，從阻礙生育變成積極鼓勵生育。

中國的一胎化政策變成「多一胎政策」。不久之後，中國中部的地方政府就開始號召黨員盡愛國的本分，生第二個小孩。他們甚至還有一句口號：「從我做起。」

二胎政策造成的改變中，有一些很正面，例如某些省分延長了產假。很多改變就沒有那麼好，尤其是對教育程度高的女性而言。她們表示，家人催促她們結婚、多生小孩、少奮鬥事業的壓力都變大了。中國原本有一種「晚婚假」，這個三十天的有薪假期目的是鼓勵人民等到年過二十五歲再結婚；隨著政府取消晚婚假，晚婚也不再受到鼓勵了。職場對女性的歧視加劇，徵才網站「智聯招聘」表示，三三％的女性在生產後遭到減薪，三六％被降職。更可怕的是，一些報導指出有產婦的家人不顧產婦本人意願，堅持不讓她們剖腹生產，因為剖腹手術可能會造成輕微併發症，影響將來懷孕。

另一項比我預期中還早發生的改變，就是機器人受到採用：一開始是工廠，然後是臥房，現在連老人院都用機器人了。在〈歡迎來到玩偶之家〉一章中研究性愛娃娃時，我採訪的製造商考慮的都是出口市場而非國內銷售，儘管當時已經有人預測中國到二〇三〇年會有三千萬名單身男性，這比加拿大的總人口還多。結果，中國國內對性愛娃娃的需求果然有了大幅成長，網路平臺的銷售量暴增，甚至還出現一個性愛娃娃共享應用程式，只是它很快就下架了。這個現象自然引起了各種對女性遭到物化的擔憂。

不過，二胎政策雖然讓我在書中預言的一些改變加速發生，還是沒有影響到這些改變的基本要領。自從中國政府改採二胎政策以後，生育率有了微幅上升，但依然遠低於人口替代率。這完全無法幫助緩和接下來二十年的問題。

無論如何，中國的下一代都會遭遇人口嚴重不足的危機。這個國家很快就會從五個人供養一名退休人士，變成一．五個勞工供養一名退休人士。同時，在中國亟需妻子、勞工及照護者的這個時期，卻面臨缺少四千萬到六千萬名女性的窘境。

親愛的讀者，你手中這本書集結的故事將會告訴你全世界人口最多的國家如何進行這個野心勃勃且影響深遠的社會實驗。

此外，你手中這本書也差一點就無法誕生。因為儘管本書面世的時機正好，在西方也備受好評，我在準備出版中文版的過程中卻遇到很大的問題。中國大陸的審查日趨嚴格，導致一家大出版社退出《獨生》的出版計畫。因為發生了幾名香港書商被綁架的離奇事件，本書也無法在香港出版。這些出版商都以出版批判共產黨領導人的書而聞名，那些「禁書」特別受到中國遊客喜愛。綁架事件在香港出版界引發了恐懼，也徹底扼殺了這個小產業。

《獨生》唯一合法授權的中文版之所以存在，完全要歸功於莊瑞琳總編輯與衛城出版工作人員的膽識。我讚揚他們的選擇，也讚揚你的選擇。

如果我們要能自由思考，首先必須要能自由閱讀。

謝謝你。

方鳳美

前言

冷戰期間，中國的火箭專家想出了一個遠大的計畫。這個計畫與導彈、太空探索或任何形式的武器研發都沒有關係。

它是關於嬰兒的。

一九八〇年九月二十五日，中國共產黨透過一封公開信公布了這個計畫。信中要求黨員自發性地限制家庭規模，只生一個孩子。此一要求實際上就是命令。

一胎化政策這個世界上最激進的社會實驗就此展開。[1]政策維持了三十五年之久，改變了全世界六分之一人口的生老病死，而且影響還在持續。

一胎化政策和節食減肥一樣，實施的初衷都是好的。中國政府認為，要完成幫助二億農民脫貧的艱巨任務，這項政策勢在必行。但也正如節食減肥一般，一胎化政策採取的手段太過激進，太急於求成，導致了一連串的負面影響。

強制節育、強制墮胎等一胎化政策中的極端措施，最終遭到國際社會的譴責。然而同時，世界各國卻又對中國急遽高升的經濟成長羨慕不已，甚至眼紅，而中國經濟的成功有部分被歸功於一胎化政策。

但世人未能理解的是，中國經濟的迅速成長與其用於人口規劃的控制手段並沒有什麼關聯。實際上，一胎化政策正在危害未來的經濟成長，因為它在短時間內導致人口過於老化、男性比例過高，甚至有可能會太少。

中國迅速發展的原因之一就是人多，而不是人少。如果不是因為一九六〇到七〇年代嬰兒潮時期出生的勞工提供了充足的廉價勞力，中國就無法崛起成為世界工廠。當時一胎化政策尚未出現。

出生人口變少，確實讓培養人力資本所做的投入更有效率，這點無可否認。舉例來說，教育資源的分配變得比較集中。但是，很多經濟學家一致認為中國經濟之所以能迅速成長，原因主要在於政府鼓勵外商投資和民營企業的政策，而不是限制生育人數。以國企私有化為例，此一措施促進了民間產業的發展，二〇〇五年中國的國內生產毛額（GDP）有七〇％來自民營企業。著作眾多、備受推崇的經濟學家葛藝豪（Arthur Kroeber）專門研究中國，他就說：「假設中國經濟成長了一〇％，如果一胎化政策的貢獻有超過〇．一％，那麼我會感到很意外。」[2]

中國龐大的勞工大軍已漸漸老去。到了二〇五〇年，中國每四人當中就會有一個人超過六十五歲。[3]一胎化政策造成了必須支持和援助這群老人的勞工人口數量銳減。近年來，中國在推行全國性退休金和醫療保健體制方面大有進步，但是社會安全網完全無法滿足需求。中國領導階層將不得不在更短的時間內解決更多的問題。

我自二〇〇三年便以《華爾街日報》（*Wall Street Journal*）特派員的身分報導中國的經濟奇蹟。我負責跑工廠線，採訪世界工廠的新聞。中國南方珠江三角洲地區的每一座小城都是以產品區分的：我經常造訪牛仔褲城、胸罩城、一美元商品城，報導世界最大的聖誕樹工廠，還有一間研發出魔術胸罩的胸罩實驗室。

當時幾乎無人預見到未來勞動力會短缺，不過我已經開始耳聞工廠老闆被迫為員工加薪的事。有的工廠藉由提供前所未聞的福利來吸引勞工，例如電視、羽球場和免費保險套。當時多數的經濟學家都認為那是短期的人力供給問題，很快就會自行緩解。畢竟，中國怎麼可能會缺勞工？

結果，勞動力短缺發生得比預期中還要早。一胎化政策造成生育率銳減。中國龐大的八億勞動人口[4]（比整個歐洲的人口還要多）自二〇一二年開始萎縮[5]，而且這種情況今後還會持續多年，導致薪資攀升，並且加劇全球通貨膨脹壓力。

生育率連續二十年低於更替水準，使得中國自二〇一五年年末開始正式轉為實施二胎政策，以減輕人口壓力。此舉可能影響力太小，也來得太遲了。中國兩年前小幅放寬一胎化政策時，符合條件的夫妻裡僅有十分之一申請了二胎許可，比最悲觀的預測數字還要少。[6]很多人表示，在當今的中國要養超過一個孩子，實在是花費太高、壓力太大了。從這個意義上來說，一胎化政策可算是相當成功，因為很多中國人已經打從心底深信獨生家庭就是理想家庭。

如果政府無法扭轉這種心態，那麼在二〇二〇至二〇三〇這十年間，中國人口會達到高峰並開始減少。到了二一〇〇年，人口可能會減至一九五〇年的水準，也就是五億左右[7]，對這個全世界人口最多的國家而言將是驚人的逆轉。從來沒有一個國家在未遭遇戰爭或流行病的情況下流失這麼多人口。同時，一胎化政策的實施有時相當嚴厲，在某些案例中甚至近乎不人道，並且引起了一些惡性的副作用，從可能會爆發衝突的性別比例失衡到實質上的嬰兒領養黑市都包含在內。

中國的一胎化政策是軍方科學家精心打造出來的，他們相信任何令人遺憾的副作用都可以迅速壓制，女性生育率也可以輕易調整。中國的經濟學家、社會學家和人口學家或許會投入更多智慧與考量，但他們大多被排除在決策圈外，因為文化大革命讓社會科學家失去了資源與威信。只有該國的國防科學家未遭整肅，結果事實證明他們並不是人類行為的最佳裁判。

可悲的事實是：一胎化政策的嚴厲限制對提振經濟而言並無必要。中國早在一九七〇年代，即一胎化政策實施前整整十年，就已經推行一種成效卓著且較不具強制性的計劃生育政策，稱為「晚稀少」。在「晚稀少」推行的十年間，中國婦女的平均生育人數從六個孩子降到了三個。

很多人口學家相信，即使沒有強制執行一胎化政策，生育率下滑的態勢也會持續。考量到鄰近亞洲國家的生育率也有類似趨勢，這個假設很合理。畢竟，中國的鄰國在沒有訴諸這類激烈措施的情況下，也都成功減緩了人口增長，而且還讓經濟突飛猛進。大約在中國實施一胎化政策的同一個時期，南韓、臺灣、新加坡與泰國的生育率也顯著下降，平均每個婦女從生育六個孩子減少到兩個以下。

如果中國跟這些國家走上同樣的道路，致力於推行正常的計劃生育政策，生育率很可能會降到幾乎和現在一樣低。

若是那樣，中國人一定會比現在快樂。專門研究中國生育轉型現象的華盛頓大學教授雷偉力（William Lavely）表示：「就算再多個五千萬到一億人，差別也不大。整體社會福祉並不會大幅減少，事實上還可能會增加，因為很多家庭能夠生育他們需要的第二個孩子。多一個孩子為部分家庭帶來的安全感和精神慰藉，都是更高的人均GDP無法取代的。」[8]

中國能像當初成功關閉生子開關那樣，再把它成功打開嗎？近代歷史顯示答案是否定的。曾經嘗試透過鼓勵生育政策來增加人口的亞洲國家大都失敗了，新加坡則依靠移民來補足勞動力。中國這個全球人口最多的經濟體為解決未來勞動力短缺問題而做的決定，其影響將會波及海外。

儘管如此，我們對一胎化政策的諸多代價和後果依然缺乏瞭解，於是這項政策持續受人稱頌，特別是環保人士。共產黨有多年時間都聲稱，一胎化政策讓中國人少生了三到四億個小孩，與美國的總人口相當。（這類說法現在遭到質疑；一些人口學家估計，實際少出生的人數最多大概僅有一到二億。[9]這個數字很大，但依然比共產黨宣稱的數字少得多。）基於這些可能誇大的聲明，權威雜誌《經濟學人》（*Economist*）將一胎化政策列為減緩全球暖化最重大的政策之一，比保育巴西熱帶雨林和美國提高其廢氣排放標準還有效。[10]

光看出生數字，的確對碳排放量減少有所貢獻，但這並非事實的全貌。畢竟，美國人口不到全球的五％，但碳排放量大約占全球的十五％。[11]中國雖已大力控制其人口數，卻仍是世界最大的排碳國。此一現象真正的罪魁禍首是共產黨不計一切代價追求經濟成長的發展模式。這種心態導致中國政府強制實施一胎化政策，也促使他們制定了很多極度不嚴謹的環保措施。這些措施對全球碳排放量的負面影響，也許比中國人生的小孩多寡還要大。

即便是現在，一胎化政策在全球也都有人支持。巴西的環境問題專家克萊蒙特（Charles Clement）曾寫過，所有政府「都應採取某種形式的一胎化政策……而不應在中國廢除此項政策並忽視其對全世界的重要性」。[12]知名加拿大作家黛安・法蘭西斯（Diane Francis）則主張「一種普世法規，例如中國的一胎化政策」。[13]柏克萊大學的學者波茨（Malcolm Potts）告訴我，他認為一胎化政策雖然造成傷痛，卻也帶來重大的經濟利益，而且依然是「目前為止實施過的最重要社會政策之一」。[14]

值得注意的是，他們提倡的這個制度允許強制墮胎和絕育。這令人不禁要問：我們拯救地球是為了什麼？支持人口控制，未必需要接受一胎化政策這麼樣殘酷的做法。

撰寫本書期間，我力圖分析導致一胎化政策實施的原因，以及它對百姓生活造成的廣泛影響。因為儘管中國斷然改採全面兩孩政策成為全世界的大新聞，一胎化政策的副作用還會持續數十年；很多人依然要付出代價。

在尋找一胎化政策背後的個別事件時，我造訪了一些「光棍村」，這些鄉下的小村子完全沒有適婚年齡的女性。我找到一名現在隱居於美國某市郊的前任計劃生育委員會高層官員，據她自己推算，她批准過的強制墮胎手術超過一千五百件，其中三分之一是在懷孕晚期進行的。我發現了一個迅速崛起的產業，業界人士自認能解決中國缺少女性的問題，那就是客製化真人大小的性愛娃娃。我採訪了領養中國嬰兒的美國父母，以及請美國母親代孕的中國父母。我在北京的一家醫院接受了體外人工受精（IVF）療程，也在昆明的一家安養中心待了一段時間，這些經歷都顯現一胎化政策如何影響人生最基本的經驗——生與死。

面對中國一胎化政策的明顯對比，我將衡量養兒育女的代價，並且從中學得這個問題的答案：我們為什麼要生小孩？

地動天搖，一切就此開始。

1 地震過後

有兩種錯誤極度常見。第一種是愚蠢地認為地震都是在冥冥中「適時」發生，以傳達上天的旨意。世人會認真揣測自己犯下了何種罪行，如何褻瀆了神靈，才會招致讓地殼板塊移動的裁決。

——希鈞斯（Christopher Hitchens）

一

通往慧美學校的路是紅色的。

我眨了眨眼睛，懷疑自己的頭腦是否由於過去三天的舟車勞頓而出現幻覺。但是我沒看錯：不是令人舒適的土紅色，而是數千枚為了追悼死者而燃放的爆竹炸碎後，形成的一條腥紅色地毯。

慧美的母親踉蹌著走上前去。四天前，唐淑秀在北京的一個建築工地工作時，建築突然開始搖晃。一千三百公里外，一場大地震正在蹂躪她的故鄉，摧毀四川盆地西部的大城市。這場地震釋放的能量和在長崎爆炸的那顆原子彈（別名「胖子」）相當，遠到曼谷和孟加拉都能感受到震動。

地震的消息傳開後，唐淑秀焦急地打電話回家，想要聯繫十幾歲的女兒，但是電話沒人接聽。

第二天，唐淑秀和她的丈夫劉計樹動身返鄉，我這個他們剛遇到的記者也一路跟隨。除了讓我幫忙提行李以外，他們幾乎沒有意識到我的存在。回家的漫漫長路上，這對夫婦頑強地拖著行李袋前行，袋中塞滿了泡麵、竹炭蛋糕、園藝手套、衛生棉和花被子。閃閃發亮的保溫瓶，顏色跟《毛語錄》一樣紅，還有大量的超薄衛生紙、免洗筷和一大條菸。唐淑秀甚至不顧丈夫反對，帶了一瓶將近四公斤的食用油。可想而知，油漏得到處都是，我們的衣服、包袋、手上都有。快到站的時候，我們身上都沾了一層油，臉上發出不自然的光澤，就像正在拍照的明星。

此刻，唐淑秀一把扔下她寶貴的行李，朝那條紅色的小路奔去。校園的廢墟中散落著鋼杯和作業簿，有一個籃框以不可思議的角度扭曲。一張用作業簿撕下來的紙寫成的公告上說：

政府已經盡全力搶救這所學校的學生。

希望家長與政府協調遺體認領事宜。

唐淑秀和劉計樹走到廢墟邊緣，停在一個拿著塑膠文件夾的男人面前。我還記得唐淑秀得知情況時的尖叫聲。那是撕心裂肺的聲音，讓人會直覺地避開，就和狗聞到腐肉臭味時的反應一樣。那聲音意味著，一切都完了。

二

汶川大地震是中國多年來傷亡最慘重的地震。一開始，這場地震被視為單純的災難。大地震動、建築崩毀，約有七萬人罹難。

最後，我反而將它看成一胎化政策引發悲劇的悲慘實例，只是這個實例的規模很龐大。

很多人不知道，震央附近的什邡是一胎化政策的測試地點。一九八〇年全面實施一胎化政策之前，中國的人口計劃官員曾經在四川進行試驗，尤其是什邡縣。在試驗中，他們運用強制性手段大幅降低出生率。學者認為四川會最先被選中，是因為當地位處中國農村的中心地帶，全中國有一〇%的人住在那裡。四川也是鄧小平的出生地。無論原因為何，那些手段成效卓著，相當驚人。到了一九七九年，什邡縣的人口成長速度已大幅降低，九五%以上的夫婦簽下了只生一個孩子的保證書。[1] 人口學者葛蘇珊（Susan Greenhalgh）寫到，四川的例子讓中國的人口計劃官員感受到「極大的前景」，認為政府可以「實現人口奇蹟」。

將近三十年後，強震來襲。據國營通訊社新華社報導，約有八千個家庭在震災中失去唯一的子女。在什邡，超過三分之二以上的家庭都是一胎家庭。[2] 地方媒體報導，某些村子被地震奪走一整個世代的生命。

這場悲劇因此增添了一個奇異的面向。地震發生後僅僅數週，便有家長急忙趕到醫院，解除他們多年前在計劃生育規定下被迫接受的絕育措施。他們極度渴望再補生一個孩子。

不久後，這些父母遭到施壓，簽署了保密協定。中國政府明確禁止國內媒體撰寫關於失獨父母的報導，也不允許提及許多孩子的死是學校建設品質低劣導致的。嘗試深入調查的地方人士被捕入獄。政府緊鑼密鼓地籌備幾個月後即將舉辦的奧運會之際，災區的人民失去性命、家庭被摧毀，抗議也遭到鎮壓。

儘管共產中國理論上沒有宗教信仰，但是很多人依然相信徵兆。人民把天災視為中國統治者天命將盡的前兆。畢竟，一九七六年唐山大地震發生後僅六週，毛澤東就死了。他的死開啟了一個新時代，最終導致各種社會經濟改革措施，例如一胎化政策。這些改革措施則造就了今日的中國。

有些人懷疑，二〇〇八年的地震是不是上天在譴責一胎化政策和其他違反自然的行為。舉例來說，有人推測，地震可能是政府在地震活躍的區域建立三峽大壩所引發的。這些推斷正是北京最不願見到的。共產黨已經努力了很久，要確保人民對二〇〇八年與另一種徵兆產生聯想，那些徵兆都被特意解釋成代表共和國的前途一片光明。

二〇〇八年北京奧運是一場斥資數十億美元的盛事，預料將為中國從鴉片戰爭和文化大革命的灰燼中浴火重生留下見證。領導階層挑選二〇〇八年來舉辦奧運，以及將開幕式定在八月八日，都不是偶然。八月正是北京天氣最熱、汙染最嚴重的時候，並不利於運動員發揮最佳表現。然而「八」是個吉利的數字，因為中文裡的「八」與發財的「發」諧音。而阿拉伯數字的「8」如果橫著看，則代表無窮無盡，這無疑是任何政權都夢寐以求的。「八」這個數字非常熱門，在華人聚居的地方，有「8」的號碼都要額外收費，從電話號碼到車牌和門牌號碼皆然。那一年，一個含有「18」的車牌號碼在香港的拍賣會上以超過二百萬美元的價格成交。[3]

我的生日正好是八月八日，中國朋友發現這一點時，總會提起我生日的象徵意義。「哇，你一定很幸運。」

中國各地都設置了北京奧運開幕式的倒數計時鐘，日期是二〇〇八年八月八日，時間當然是晚上八點八分。政府不會容許五月的大地震和隨之而來的沉重負荷毀了這個吉利的大好日子。

這個情況很諷刺，因為地震發生前，一胎化政策已經慢慢淡出了新聞報導和全國性討論。

身為馬來西亞的中國南方移民後代，我一直很慶幸自己不是生在中國。我是家中五個女兒裡的老么，父母一直希望能生個男孩，但始終沒有成功。當時馬來西亞現代化的程度，已經不容許遺棄不想要的女孩這種行為，而且再怎麼說，我父母也是受過教育的都市人，不是農民。但我的會計師父親仍終其一生都為膝下無子而倍感遺憾，也不斷提醒他的五個女兒，我們是累贅，不是寶貝。

大家都說海外的華僑比中國大陸的人更為傳統，因為中國人在文革期間不得不放棄或隱藏舊風俗。我父親的家族無疑就是如此。我親戚常說：「你要慶幸我們不在祖國，不然根本就不會生下你。」那是我對中國重男輕女文化和一胎化政策的最初認識。熱愛閱讀的我逐漸將一胎化政策當成我的祖國最吸引人又最怪異的事情之一，和作家赫胥黎（Aldous Huxley）及《聖經》中的希律王不相上下。

我絕對沒有料到自己有朝一日會在中國生活和工作。二〇〇三年，《華爾街日報》將我派駐到大中華區。當時一胎化政策已經實施了二十多年，卻並非如外界想像的那樣鐵板一塊。長久下來，逐漸有例外產生。農民、藏人、漁民或礦工都可以生不只一個孩子。殘疾人士或願意繳超生罰款的人也可以，罰款金額多寡不一，從象徵性地收取小額到漫天要價都有，取決於付款者住在什麼地方、認識什麼樣的人。有了這種種例外，一胎化政策應該要更貼切地稱為「一胎半政策」才對，但是沒有人要用這種難聽的叫法。中國人最常用「計劃生育」這個術語來指稱一胎化政策，而不會直呼其名。

交涉與通融在中國是一種生活方式，也有人說是一種藝術。在這個人口眾多、資源貧乏、規定嚴苛卻執行標準不一的地方，「想辦法」是人的第二天性。所以，如果你在中國生活，就必須很快習慣手腳並用地講價、插隊、亂開車，這些都是「想辦法」這個風俗的一部分。許多中國人想辦法，想出了各種極具創意的方式來規避一胎化政策——專為生雙胞胎或三胞胎設計的不孕療程、生育旅遊、假結婚、賄賂。我有一些中國朋友生了幾個孩子，但通常不超過兩個。我在一座二線城市遇見一名女性，她有六個子女，全部生於政策執行期間。（如果遵照可怕的家族傳統，她會把第一個孩子丟進沸水中殺死。）

一胎化政策實施二十年後，專家估計只有三分之一左右的人口面臨嚴厲的一胎限制[4]，中國人也愈來愈負擔得起生育第二胎或第三胎的罰款。我的同事，聲譽卓著的中國觀察家張彤禾（Leslie Chang）曾寫過，到了二〇一三年，中國的一胎化政策「愈來愈無足輕重」了。[5]

我歷經了一場地震，一次流產，和一段見證數千名嬰兒誕生的旅程才完全領悟到，中國的人口控制，影響所及遠超出其國界。

三

一胎化政策絕非無足輕重，它形塑了當代中國的面貌，無法回復，並且引發了諸多社會與經濟問題，而這些問題都會持續數十年。

十五年後，如果你在北京和上海以外的任何地方丟一顆石頭，從統計學來說，你可能會砸中一個六十歲以上的人，而且這個人很可能是男性。中國的一胎化政策導致人口的性別與年齡比例嚴重失衡，再過不到十年，中國單身男子的人數就會超過沙烏地阿拉伯人口總和，退休人士的數量則會超過歐洲人口總和。

在中國，一切都講求規模和速度。中國不僅老年人的數量預料將成為世界之最，比例也一樣；中國人口衰老的速度比其他地方都還要快，這意味將來扶養退休人口的成年勞動人口會遠比現在少。這個轉變的速度將為中國尚不健全的退休金和醫療保健體制帶來巨大壓力。據德意志銀行（Deutsche Bank）預測，二〇五〇年時中國退休基金的赤字可能高達七．五兆美元，等同於二〇一一年GDP的八三%。[6]

這樣的前景十分黯淡，而一胎化政策未來將產生的後果可能也很難反轉了。過去十年間，大多數中國城市居民已經接受了小家庭的現實，而且也比較喜歡小家庭。畢竟，中國已經從社會主義躍入成熟的資本主義，所以教育和醫療等公共事業的成本相對來說很高。再加上三聚氰胺毒奶粉、含鉛玩具和傷害肺部的霧霾，在城市裡養兒育女就成了令人卻步的事。

另外，政府傳遞訊息也做得很成功：他們堅稱，一胎化政策在中國的經濟復甦上扮演了不可或缺的角色。中國不久前才經歷過大饑荒和極大的政治動盪，在生活水準改善的情況下，若不感到欣喜，似乎便顯得小氣。這畢竟是我祖先的家鄉。

中國凡是六十歲以上的人都說得出一個當年艱苦的故事，但有一個我仍然清楚記得的故事是中國記者薛欣然講述的。她曾經拜訪過一家人，他們窮到四個孩子只能輪流穿一套衣服。還沒輪到的孩子就光著身子一起蓋一條毯子，開心地夢想著輪到自己「穿衣服」的時候。

中國像一條被歷史變遷殘酷折磨的小狽犬。看到牠舔舐傷口、跛著腳勇敢前行，實在很難不為牠喝采一下。自一九九〇年代晚期開始，有很多事值得喝采。農民的子女成為家族裡的第一個大學生。嬰兒死亡率下降。星巴克咖啡店有如拿鐵咖啡的奶泡般大量湧現。路上可以見到賓利、寶馬、本田、現代等進口車，各地的新華書店也擺滿了給中國第一代旅行團遊客看的旅遊指南。

我的普通話老師興奮地描述她第一次的歐洲之行時，我問她最喜歡歐洲哪個國家。她不假思索地回答：「德國。」我很訝異。為什麼不是法國或義大利？她停頓了一下，然後說：「德國真的很有秩序。」

二〇〇五年，我採訪了一名建造工廠工人宿舍的承包商。他抱怨說宿舍裡必須安裝更多電源插座，因為工人有很多電子產品要充電。二〇〇七年，我目睹北京的第一家Hooters美式餐廳開業，中文店名叫「美國貓頭鷹」。望著身穿緊身低胸裝的女服務生端出價格過高的雞翅，我有一種奇妙的感覺——中國似乎來到一個新的里程碑。

過去總有人開玩笑說，中國的一年就好比狗的一年：一年之間的變化太大，在其他地方彷彿已經過了七年。我在北京生活的四年中，北京的地鐵路線擴大到了原來的五倍。宜家家居（IKEA）在北京開設了斯德哥爾摩以外的全球最大分店，賣場裡的走道加寬，以容納大量的第一代屋主。汽車數量增加到了原來的四倍。儘管汙染和貪腐問題日益嚴重，也很難不感受到那股活躍的興奮之情、應和著大家普遍懷抱的情感：「加油，中國加油！」

過了一段時間我才發現，一胎化政策與主流認知完全相反，它與中國過去三十年來的兩位數經濟成長率其實沒有什麼關係，反而將在未來的三十年拖累經濟發展。中國政府宣稱一胎化減少了四億人口出生，這個數字也是因為計算錯誤和一廂情願而遭到誇大。此外，從最後的總合來看，一胎化政策是完全不必要的措施，因為在更早、更人道的措施推行時，生育率就已經大幅降低了。

一胎化政策未來對經濟的影響更耐人尋味：這個政策有沒有可能證實不利於經濟，令未來的發展陷入停滯？答案是：非常有可能，不過具體影響有多大，還是未知數。預測長期的經濟成長趨勢是不確定性很高的工作，只有極少數經濟學家預期中國的經濟成長會這麼快速、驚人，而且持久。同時，這些經濟學家對經濟衰退的預測也是基於凡事有起則必定會有落的前提。這種預測如果不能讓我們知道具體時間和衰退程度，其實沒有多大用處。

顯而易見的是，中國的老化人口龐大，很可能會導致國家的生產力下降。這也代表現在國際企業眼中的中國——世界最大的手機市場，世界最大的汽車市場，奢侈品銷售額即將成為世界最高，甚至有肯德基（KFC）在全世界最大的客戶群——將會改變。由於製造業的鼎盛時期已進入尾聲，中國現在正嘗試利用國內消費增加與服務業成長，轉而追求一種由消費帶動的成長模式。在這個轉變過程中，龐大的退休人口可能會很有幫助，一如在抵禦北方侵略者時發揮作用的萬里長城。

愈來愈多的證據表明，就算沒有一胎化政策，中國的人口仍會大幅減少，儘管確切的數字仍有爭議。比一胎化政策更早實施的計劃生育政策「晚稀少」，早已經利用較不具強制性的手段，成功將家庭規模縮減了一半。

二〇〇九年，人口學家王峰、蔡勇和顧寶昌對共產黨宣稱一胎化政策減少的出生人數多於美國總人口的說法提出質疑。在此之前，三到四億這個數字一直被當成不容置疑的事實。它以前是，現在也還是中央政府在聲稱一胎化政策對全世界的重大貢獻時，必定會提及的重點。中國官方強調，如果不實行一胎化政策，全球人口早在二〇〇六年就會突破七十億大關，而不是在五年之後。王峰他們則主張，實際減少的出生人數最多大概是共產黨所說的一半。

怎麼會有這麼大的差異？他們認為，原始計算過程使用過於簡化的外推法，以一九五〇到一九七〇年之間的出生率走勢為基礎來推斷一九九八年的出生率。當時得出的數字是三・三八億，隨後取整數而成了四億。[7]然而這個算法有瑕疵。首先，它假設人民的生育習性從一九五〇年代到一九九〇年代都差不多[8]；但是在這個時期，都市化、女性主義、嬰兒死亡率降低等變化，已經大幅改變了社會行為。基於這種假設來進行計算，顯然和現代旅行社假設世人還在搭乘輪船旅行，並依據這樣的假設來規劃行程一樣荒謬。再者，共產黨的算法是從一九七〇年開始計算減少的出生人數，但一胎化政策一九八〇年才開始實施。在中國人的說法裡面，這種不實陳述叫作「指鹿為馬」。

即便在一胎化政策放寬後，仍有許多人受到不利影響。北京的法學副教授楊支柱，就因為生了第二胎而失去工作。二〇一〇年，發言尖銳的楊支柱賣身換取二十四萬人民幣的超生罰款。他在自己的嘲諷廣告裡寫道：「誰買我，我就給誰當奴隸。鞠躬盡瘁，死而後已。我拒絕好心人的捐助，因為我不想做『超生』孩子身上的寄生蟲。」楊支柱最終回到大學任教，但是遭到降職減薪，大學管理階層也把原來分配給他的大房子收回，讓他改住一間小公寓。他告訴我：「一胎化政策不過是向人民徵稅的巧妙方式，政府不需要提供納稅人任何服務。連生孩子這種再自然不過的事情都要徵稅，乾脆吃飯和呼吸也徵稅好了。」

我遇見一個叫李雪的女孩，她為了至關重要的戶口登記終日奔走卻毫無結果。她是計劃外二胎，所以主管單位不讓她登記戶口。她的父母都是工人，生下她的時候繳不起罰款。由於沒有戶口，李雪一直不能上學，不能得到妥善的醫療照護，連圖書館的借書證都不能辦。由於沒有戶口，李雪是個不存在的人，不能合法就業或結婚。她以後所生的子女可能也會陷入同樣的困境。據估計，有一千三百萬人和她處境相同，是沒有身分的「黑孩子」。[9]

二〇〇八年夏天，中國緊鑼密鼓為奧運會做準備之際，十五歲的李雪每天早上都勇敢地踏上天安門廣場，手中舉著一塊牌子，上面寫著：「我想去上學。」

每天她都站不到五分鐘，就會被警察帶走。天安門廣場是全球戒備最森嚴的地點之一。二〇〇八是奧運年，安檢措施比平常更嚴格，但李雪依然固執地出現在天安門廣場，持續了整個夏天。有時候，公安人員會在她家門外直接抓住她。李雪和她母親騎機車穿過北京的狹窄胡同時，都會上演瘋狂追逐，只為了能到天安門廣場站上那幾分鐘。

她的舉動讓我心中充滿了欽佩與憤慨。冒這麼大的風險，卻一無所獲。這一切看來無畏，卻也無用；她究竟希望得到什麼？

李雪說：「我只是想讓人注意到我。」

多年後，我遇見一個男人，他曾經跟工廠裡一個未成年的女同事談戀愛。女孩懷了孕，他就把女孩帶回他家的村子裡待產。由於女孩未成年，他們不能合法結婚，於是沒有准生證就生下了寶寶。後來計生委的官員以此為藉口，將孩子帶走，並賣給別人領養。過去五年來，這個男人一直在尋找他的小孩，他認為孩子現在住在美國伊利諾州的某個市郊。

這些都是一胎化政策的代價。

四

我人在從昆明返回北京的飛機上，昆明是距離緬甸最近的中國主要城市。我覺得很失敗，心情很差，因為我沒有申請到入境緬甸的簽證。當時緬甸剛剛被一個熱帶風暴侵襲，新聞遭到封鎖，政府也不允許外國救援人員入境，更遑論外國記者了。我飛回北京，對下方數千公里處的地動山搖一無所知。

汶川大地震的規模高達芮氏八．〇，是中國繼唐山大地震之後，最大的一場地震。三十二年前的唐山大地震規模為七．六，是全球公認最慘重的災難之一。這場地震發生在文革末期，共產黨長期隱瞞真正的災情。最終，新華社公布的死亡人數為二十五萬。

唐山幾乎每個家庭都有人在這場地震中喪生。每年的大地震紀念日，「為亡靈燒的紙錢像黑色的蝴蝶，在唐山市的街巷低旋，」當地人張慶洲寫道。「人們更習慣用這種默默無言的方式悼念，而不是把創痛說出來。」[10]

唐山大地震後，建築標準多少提高了一些。但是可想而知，汶川大地震的傷亡會很慘重。

四川有八千萬居民，是中國人口最多的省分之一，其山區地形也會令救援工作更加困難。

我在北京機場打開我的黑莓手機，數十則地震訊息立即湧進，看得我難以置信。同事已經啟程飛往四川省的省會成都。

我大步走回辦公室，一路都在咒罵。我為什麼要這麼快就回來？要是在昆明多待一下就好了。昆明離成都僅有六百五十公里左右，和紐約市與水牛城之間的距離差不多。我焦躁地想著，我原本可以開車到成都，在此時此刻做現場報導的。

與此同時，我匆忙趕出了幾篇報導來交差，其中一篇介紹中國人當時使用一種類似推特（twitter）的新服務「微博」來發布地震消息的情形。這是中國公民新聞報導最早的實例之一。如今看來，那篇報導宛如一篇介紹古代擊鼓技巧的文章，相當老派。

我絞盡腦汁，思考該用什麼其他的方式來報導這次震災。

北京和中國各地都有許多來自四川的農民工。大多數西方人只知道四川是中國可愛的國寶大熊貓的故鄉，卻不知道那裡也是中國的阿帕拉契山區，貧窮且人口眾多。

當地人有半數以上是農民工，在工廠生產線和清潔隊裡工作，做著中國多數城市人不再願意做的卑微差事。工廠老闆和施工隊的工頭為了留住這些賣力的工人，很快就學會在員工餐廳的菜單上加入辛辣的川菜。這些工人總令人聯想起四川人鍾愛的花椒：個頭嬌小、個性火爆、特別能吃苦。

地震發生後，很多工人急著想趕回四川。我在心中思忖，必須一路千辛萬苦地穿過震後的廢墟才能回到遙遠的家鄉，會是怎樣的情景？而在家鄉等著他們的，又會是什麼？

想著想著，我便朝火車站出發了。我先看到了唐淑秀。她的臉上有好幾個圓圈：臉本身是橢圓形，雙眼下方有深深的黑眼圈，她半圓形的嘴巴看起來很痛，嘴唇乾裂，而且咬破了。她穿著自己最好的行頭——繡著閃亮蝴蝶的牛仔褲和橘紅色的絲緞外套。唐淑秀極少搭火車，所以即使已經心急如焚，她還是盛裝打扮以符合禮節。

當時她還沒有收到十五歲女兒慧美的消息。

唐淑秀丈夫劉計樹身材精瘦，身高大約一百六十公分。他看起來有點像荷蘭木偶娃娃：身形瘦小、頭髮黑亮，還有圓圓的粉色臉頰。他一臉木然，只有眼眶是紅的，眼裡閃著強烈的情感。

唐淑秀和劉計樹都在北京的一個施工隊工作，隨著工作地點移居。此時他們正和一群同鄉一起，焦急地趕回家鄉。

地震摧毀了鐵路和公路，誰也不知道搭車能走多遠，但除此之外，別無選擇。他們搭不起飛機。劉計樹跟我簡單描述了一下這段路途的概況，可能要搭二十個小時的巴士，再走好幾天的山路，還要在野外過夜，才能抵達他們那座偏遠的山村。

我遲疑了。我怎麼可能在這麼累人的旅程中跟上靠體力吃飯的工人？於是我打電話給我的編輯。

我試探性地問：「我們不能雇一輛車送他們回家嗎？」但我早已知道答案了。旅程本身就是報導的內容。

震後第二天，我們搭上了火車。硬座車廂人滿為患。大多數人被擠得動彈不得，睡覺時只能站著或靠在座椅的邊緣。春節期間，全國人民都在移動，成人尿布的銷量必定激增。我可以理解原因，在這麼擁擠的人群中，根本去不了洗手間。只要在中國搭一次火車，你就絕對能瞭解，這裡確實是地球上人口最多的國家。

我踩到劉計樹的腳，他對我笑了笑，笑容一閃即逝。他嘴裡咕噥著：「人太多了。」我老是聽到這句話。

儘管車上有禁菸標示，劉計樹還是不停抽著菸。唐淑秀說的話很少，吃下的東西更少，只是堅毅地坐著，淚水流下她的臉龐。

到了第三天，她已經脫水到連眼淚都流不出來。劉計樹強迫她小口喝茶，茶水沾溼了她的衣服，有如用來做羅夏克墨漬測驗的墨跡。圖案很好看，像是刻意設計的。

他們的故事和其他許許多多的農民工一樣。家裡土地太少，無法種稻維生，尤其是還要繳女兒的學費。因此他們離鄉背井，成了「流動人口」。這是對中國農民工的一種詩意的稱呼。他們從農村漂泊到城市，不斷從事各種卑微的工作。由於沒有城市戶籍，他們無法享受城市裡的社會服務，例如教育和醫療保健。這就是他們無法把慧美帶到北京的原因。

戶口這種經濟隔離的形式會產生永久的下層階級，並且避免中國原本就擁擠的大城市人滿為患。它同時也是一把屠刀，殘忍地讓劉家這樣的家庭骨肉分離，一分開就是好幾個月。劉計樹和唐淑秀已經一年多沒見到十幾歲的女兒了。我請他們形容女兒的模樣時，劉計樹已經記不起她的頭髮是長是短。她喜歡什麼？是什麼樣的人？唐淑秀含糊地說：「她愛看電視，不過她是個好孩子。」

北京距離他們的老家葫蘆鄉大約一千三百公里。這段距離某方面來說並不難想像，大概和紐約到芝加哥的距離相當。但經濟和文化上的差異卻是天壤之別。

葫蘆鄉沒有自來水，鄉裡沒人坐過飛機。所有四十歲以下的人終究都因為貧窮或厭倦了家鄉而離開，去到城市——哪個城市都行，回鄉不是為了炫耀，就為了生孩子，或是兩者皆有。村裡面每個人都姓劉，或者跟姓劉的人結了婚。殺嬰和買新娘都是不久前的事，而非遙遠的過往。春雨總會滲透泥土路，讓這個地方每年都有一些時候無法通行。

但是這裡風景秀麗，山野崎嶇，碧水藍天。唐淑秀在北京的烏煙瘴氣中咳出黑痰時，都會夢想家鄉又高又遠的藍天，自忖當初為何要離家。在工地上生活，比在葫蘆鄉更艱苦。因為沒有洗衣設施，所以工人會把同一套衣服一直穿到必須丟掉買新的；買新衣服是令唐淑秀讚嘆不已的極大奢侈。他們用偷偷帶進工地的電磁爐做飯、拿用過的油漆桶喝水。唐淑秀把她那件玫瑰色的外套收在鋪蓋捲裡面——這絕非易事，因為他們必須背著所有家當，辛苦在工地間來去——好讓她有東西能對家鄉父老炫耀，當作他們出外奮鬥的閃亮表徵。

火車轟隆轟隆地朝家鄉前進之際，唐淑秀咒罵著當初驅使她離開家鄉的那股好奇心。她感傷地說：「也不全是為了錢，我們就是想去外面看看。」

此刻她在心中責罵自己把慧美留在老家。「我們都躲過了這場悲劇，但我的孩子沒躲過去。」她一遍又一遍反覆說著，宛如在唸咒語。

我很難和他們深入交談，也無法建立起信任。車廂裡擠滿了人，他們則滿心憂慮，不願多言，而且他們說話的口音也很難聽懂。

同時我也在車廂進進出出，躲避鐵路官員。他們發現我是記者之後，便禁止我進行採訪。唐淑秀和劉計樹也因此更加害羞拘謹。

我一向喜歡搭火車，為的是令人安心的鐵軌撞擊聲、飛馳而過的風景，還有那種朝著目標前進、無可抵擋的感覺。然而這趟旅程令人如坐針氈，人人都提心吊膽。大家都像老練的職業槍手似地，把手機放在腰際，準備隨時看新消息。

消息一點一滴地傳來。

估計的傷亡人數是二萬。然後變成三萬。震央所在的汶川，有八〇%的建築在地震發生的頭三分鐘內被夷為平地。

餘震仍然不斷席捲災區。許多城鎮的居民全數撤離。

從廢墟中挖出來的屍體，比生還者還要多。

上車二十四個小時之後，劉計樹和唐淑秀得知，慧美的學校已經挖出了一百八十三具遺體。

唐淑秀啜泣著說：「她死了。」

「還不能這麼說，」劉計樹說，「還不能這麼說。」他瞪大了雙眼。只要沒聽到確切消息，就還有一線希望。一個坐在旁邊的男人臉色慘白，他剛剛接到電話，得知他的孩子死了。

從那個時候到抵達西安之前，廁所裡的水用完了。難聞的尿味飄了出來，和香菸的霧氣混在一起。

我和劉計樹跟另一個叫丁萬隆的同鄉交談起來。大家都把他當成外人，因為他不是在葫蘆鄉出生的。他原來的家為了興建水壩而被夷為平地，所以遷到葫蘆鄉。丁萬隆很自豪，因為他用自己在遙遠城市做建築工存下來的錢，蓋了第二棟房子。

「我家有兩層樓，可舒服了。」他一邊抽著鑽石牌香菸一邊說道。

他頓了一下，「這下又得重新蓋了。」

幾個小時後，丁萬隆接到一通電話。地震讓他一夕之間成了孤兒，無家可歸。他的母親被深埋在家裡倒塌後留下的瓦礫堆中。

我們經過了兵馬俑的所在地西安，並且得知鐵軌修復的程度已經足夠讓火車繼續前進。這是好消息，讓那群要回葫蘆鄉的人不用再轉乘十小時的巴士。火車到站後，我們要搭渡輪，還要爬山。

此時幾乎每個同鄉都接到了噩耗——有的親人喪生或傷殘，有的家園被毀，有的則兩種都遇到了。唐淑秀和劉計樹卻依然沒有慧美的消息。

接下來的旅途中，劉計樹放鬆了一點。他一路上一邊喝啤酒，一邊向我講述他一個親戚買妻的故事。葫蘆鄉的單身漢找對象很難。沒幾個女人願意承擔這個小鄉村的艱苦生活，特別是因為去城市工廠工作的前景愈來愈看好。計劃生育政策實施多年，也在男女比例嚴重失衡背後推了一把。如果必須選擇生男還是生女，大家都會選擇生男孩，把女孩送人，或者默許產婆處理問題。如此一來，葫蘆鄉幾乎沒有正值適婚年齡的年輕女性，即使有，也是當事人的姊妹或近親。

劉計樹說他這個親戚實在太寂寞了，家人又不斷數落他沒能幫家裡傳宗接代，最後就聽信了鄉里一個媒人的勸誘，省吃儉用加上借錢，買了一個新娘。

「後來呢？」

「後來？人家跑掉啦！」他輕聲笑著說，接著用牙齒咬開啤酒瓶的蓋子。

我們笑了出來，但是一聽到有人電話響起便安靜下來。又一個人死了。

火車一路往南，穿越了中國中心地帶的河北、山西和陝西，這個區域看起來灰灰濛濛的，一片混沌。這是煤灰汙染。對美國人來說，汽車就是美式作風的象徵。《大亨小傳》的主角蓋茲比（Jay Gatsby）開著車，經歷了資本主義、個人自由和奢華的生活。對中國來說，這個象徵則是火車。大家都在車上，無法掌握前進的方向，只能一起駛向集體主義的夢想。多年後我讀到狄更斯的這段文字時，又想起了那一切：「那股力量在它的鐵路上——它自己的鐵路上——奮力飛馳，無視所有的小徑與道路，衝破每一道障礙，後面拖著各種階級、年齡和地位的生物；它象徵著那耀武揚威的怪物——死亡。」

我們一下火車，眼前的一切就像電影裡的剪接片段一樣飛速閃現。那是一連串有如惡夢般的畫面，突然失去家園的人成排睡在馬路上。我們在渡輪碼頭蹲下來排隊等船，這時擴音器大聲播放著：「我們來幫你們了！我們來幫你們了！」

我們登船的時候，有一個女人發出尖叫。她剛剛得知，某個深愛的人在地震中去世了。其他人把她擡上船，她的身體有如屍體般僵硬。

接下來，船行駛在江面上，兩岸絕美的崇山峻嶺，是一片阿爾卑斯山式的風景。

唐淑秀茫然地凝望遠方，腦海中閃過無數種局面，從希望到絕望的都有。最好的情況是慧美毫髮無傷，只是因為某種無法解釋的原因而沒辦法打電話或聯繫上親戚。她也有可能受傷了，失憶了，壓壞手腳了——這對父母來說雖然痛苦，卻還可以承受。又或者，慧美被埋在某個地方的的瓦礫堆裡，喝著自己的尿液，用微弱的聲音呼喚著自己的母親。

「還有希望，」劉計樹安慰她，「我們到家之前，一切都說不準。」

我們上岸後，走了好幾公里的山路。這時我開始看到地震造成的傷害。我們吃力地爬過坍塌的土石、壓壞的汽車和崩毀的建築，一群中國人民解放軍的士兵扛著鏟子從我們身邊走過。

看著唐淑秀和劉計樹蹣跚地走向瓦礫堆尋找女兒的遺體，我離開了。準確地說，我落荒而逃。我逃跑了，因為我必須在期限內交稿。我逃跑了，因為我覺得自己無力再幫助他們。我逃跑了，因為我不想待在那裡。我逃跑了，在那種情況下把他們匆促丟棄在那條滿目瘡痍的路上，而我也將永遠對此心懷愧疚。

數週後，我回到葫蘆鄉，希望能彌補自己的虧欠。我在一片風很大的墓地上方跟劉計樹碰面。慧美並沒有葬在這裡，她的遺體和其他許多遺體一起被匆忙埋在學校附近。劉計樹會選這個地點，是因為它的位置好，比較容易看到前來通風報信，以及暗中監視的人。

此時，官方已經開始全面掩蓋真相。很多孩子死在坍塌的校舍中，這些校舍因為在地震時嚴重崩毀而被指為「豆腐渣學校」。為數眾多的家長要求政府調查學校的施工過程是否涉及貪腐。他們每天都會出現在殘破的校園中，手捧著孩子的遺像，有些還擡著孩子殘缺的遺體，呼籲政府正視問題、進行調查、採取行動，做什麼都好。政府的確也行動了：他們鎮壓了這些抗議。

劉計樹的臉色很不好。我記憶中那個身材結實、可以輕鬆扛起沉重行李的他，此刻看來形容枯槁，神色遲疑。他不停地抽著菸。唐淑秀沒有來。她丈夫說她幾乎不出門，也不再見人。

劉計樹問我：「你幫我們拍的那些照片，可以銷毀嗎？」

我無奈地告訴他，那篇報導已經發表了。

他的臉色沉了下來。

「別擔心，大多數讀者根本不在中國。」我慌忙說道，

我沒告訴他，那張他們夫妻倆看起來堅毅果敢的照片，登上了《華爾街日報》頭版。

我還記得拍攝那張照片時的情景。我小心調整相機的位置，想要捕捉到唐淑秀在船上遠眺的神情。她看起來疲憊不堪，卻滿懷希望。當時他們還沒走到旅程的盡頭。

劉計樹說：「我們不想再說了，已經無話可說。」

突然出現一陣巨響，我們嚇得跳了起來。我凝視墓碑周圍，看到很多送葬的人在放鞭炮。中國人無論辦喜事還是喪事，都有一個相似之處。生孩子、結婚、過年和葬禮都要燃放炮竹。有人出生和有人去世的時候，我們都會給錢。包給新生兒的紅包，到了葬禮上就變成白包。

這相同的禮俗讓生與死的儀式有了某種令人感到安慰的共通點，給人一種圓滿、回歸的感覺。

劉計樹給我看了一份他被迫簽署的文件，上面載明他會因女兒死亡而領到一筆錢，並且不再追究官方的責任。

文件上寫著：我同意盡快回歸正常生活，開始正常的生產工作。

一股強烈的憤慨湧上我心頭。

他聳了聳肩說：「就這樣，你懂……」

他猶豫了一下，轉過身，拖著沉重的步伐走下山。他的身影愈來愈小，最後被山野吞沒。

我再也沒有見過他，然而他和我的人生卻形成一種奇異的對稱。

因為我跟隨他們開始這段旅程時，已經懷孕了。

2 時間來到二〇〇八年八月八日

為人母必定是世間最令人憂傷、卻也最令人滿懷希望的事，因為這份愛一旦開始，便永不止息。

——李翊雲（*Yiyun Li*），《千年敬祈》（*A Thousand Years of Good Prayers*）

一

從四川回到北京的我，既悲傷又疲倦。在此之前，我也曾報導過九一一事件的後續，還有車禍、襲擊、謀殺——人類蓄意或無心地強加於他人的所有常見獸行。一切都毫無意義。我厭倦了以窺伺別人的生活為生。夜裡，我輾轉難眠，夢中出現的零碎片段都是唐淑秀、劉計樹和其他我採訪過的面孔。

我記得曾經有個女人走向我，對我說：「看看我的娃娃，我漂亮的娃娃。」她把孩子的照片拿到我眼前，一張是一個微笑的少年，另一張則是一具殘缺得無法辨認的屍體。「娃娃」是四川方言中對小孩的暱稱，這個稱呼斷斷續續出現在我的夢裡。看看我的娃娃。我的娃娃死了。你能不能幫我找找我的娃娃？

於是，我順著直覺，拿出了一根家用驗孕棒。

紅線出現時，我簡直無法相信。我要我丈夫安德魯再去買一根驗孕棒。然後再一根。一個小時後，我們用了五根驗孕棒，全部都顯示陽性。

起初，我連快樂都只敢小心翼翼的。我患有多囊性卵巢症候群，這種常見但並不為人熟知的荷爾蒙失調現象，是不孕症的主要成因之一。我三十多歲時確診，記得讀到這種病的症狀時，我還覺得太荒謬了，難以置信。嚴重的話，病人可能會體毛茂盛，同時卻禿頭，或者大量長青春痘，以及體重反覆增加。

在此之前，我對生孩子這件事一直拿不定主意，不知道小孩要如何融入我四海為家的生活。從新加坡的小報記者到全球前幾大報社的撰稿人，一路走來並不容易。為了往上爬，我在六年待過三個國家、住過四個城市。身為華裔女性，我在北京常被人誤以為是某個白人特派員的祕書、口譯員或女朋友。記得有一次採訪當時擔任北京市長的中央政治局委員王岐山時，他和我的白人同事一一握手，卻唯獨漏掉了我伸出的手。毫無疑問，他把我當成我同事的助理。

我熱愛我的工作，但那份工作很辛苦。我渴望上床睡覺的時候，正是主管在另一個時區醒來的時候。為人父母需要付出時間、關懷和精力。我應付得來嗎？但我已經三十六歲了，年齡和身體狀況都不允許我再繼續遲疑。

就在這時，發生了驚人的大事。在未經治療的情況下，我的生理缺陷似乎解決了。我終於要有孩子了，恰巧就在我把許多死者的故事記錄下來的時候。這份在苦難中意外出現的快樂，感覺很骯髒。

地震之後過了大約一個月，一個名叫朱建明的磷酸鹽礦工動了結紮複通手術。他十幾歲的女兒和全班三分之二的同學都在地震中喪生。嚴格來說，新月並不是獨生女。她還有一個天生智障的哥哥。她父母因此獲准生第二胎，條件是小孩生下來之後，朱建明要接受絕育手術。他們的兒子在地震發生前幾年溺水身亡，把父母的希望和夢想全部留給了新月。

新月是在學校坍塌時，被落下的磚石砸死的。她去世十天後，悲痛的父母開始考慮再生一個孩子。朱建明當時五十歲，他的妻子四十五歲。他們擔心自己年紀已經太大，但是想到膝下無子的淒涼晚景，他們實在無法忍受。三個星期後，朱建明湊到手術費，接受了手術。家裡已經沒有餘錢能讓朱太太去看醫生，諮詢自己的生育機會了。

中國主要由男性接受絕育手術的地方非常少，四川是其中之一。男性絕育手術更簡便省時，產生併發症的機率也較小，但其他地方大多沙文主義盛行，所以接受絕育手術的多為女性。（曾經有一名山西的鄉長很自命不凡地告訴我，他是鄉裡第一個接受絕育手術的。他說：「我就是要當個好榜樣。」深入詢問後，我才發現真正做了絕育的是他妻子。他妻子嗤之以鼻地說：「開刀的人是我！他才不會讓人對他的命根子動刀呢！」）四川為什麼是例外？這很大部分要歸功於重慶一位李順強醫師的努力。一九七四年，李醫師發明了一種目前仍在很多國家廣泛使用的輸精管切除術。[1]這種稱為「直視鉗穿法」的技術是用鉗子刺穿陰囊，而不是像傳統方法那樣用手術刀切開。一名一九八一年在重慶目睹過這種手術進行的美國人類學家這樣向我描述：「醫生只要拿一把鉤針，戳進陰囊，在裡面扭動幾下就可以了。手術很快，五分鐘左右。」

這種手術快速又簡單，有時候還會在四川的公共場合實施，為計劃生育政策做宣傳。這項絕育方式廣為使用，是四川成為計劃生育模範省的一大推手。[2]獨具天賦的李醫師後來成為重慶市計劃生育科學技術研究所所長，退休時是國家計生委的高官。

多年前接受這種手術的朱建明很幸運，因為醫生成功接通了他的輸精管。為他做復通手術的生育診所幫我聯繫到他。我向診所的一名工作人員詢問結紮復通手術是不是他們的專長，她爽快而明確地回答「不是」。這種手術無利可圖。這家診所的客群都是雅痞，其中許多人不孕是因為延後生育，像我一樣。他們有很多病例是因為反覆墮胎導致輸卵管損傷而難以受孕。這是一胎化政策意料之外的副產物，因為很多人把墮胎當作一種節育方式。中國這麼公然地對性行為的後果之一進行管制，在青少年的性教育方面卻拘謹得驚人。在中國，提供性教育課程的學校還不到一%。[3]

一胎化政策對生育的管制，是以所有生育行為都發生在已婚夫婦之間為前提，對未成年懷孕的情況或未婚先有的母親，以及還沒等到許可核發就先懷孕的女性都不留餘地。只要不符規定，解決方式幾乎向來都是：要嘛繳罰款，要嘛墮胎。

我有一個朋友，婚後不久便發現和她從大學時期就在一起的丈夫出軌了。我記得在我安慰她時，她大哭著說：「他還害我墮胎了三次。」

生兒育女有很大一部分是時機的問題。不孕的人愈來愈多，時機就顯得更加重要。要對抗時間的壓力，不是得有錢，就是得有運氣。朱建明當然不是有錢人。那麼他會走運嗎？我去他的家鄉雙林找他，這處偏遠鄉村所在的區域以雄偉的樂山大佛而聞名，樂山大佛是世界最大的佛像。大佛雕刻在石壁上，俯瞰著奔騰洶湧的大渡河。

樂山大佛建於西元八世紀，面容安詳的佛像在汶川大地震中竟奇蹟般地絲毫無損。不過經濟迅速成長帶來的汙染，倒是讓大佛的鼻子變黑了，也讓佛像頭上用岩石鑿出來的捲髮變禿了。

開車去朱建明家的路上，我看到很多一胎化政策的宣傳實例。有一幅壁畫的內容是一架正在升空的火箭和樣貌很好看的一家三口——爸爸、媽媽、性別不明的孩子——搭配這句標語：「晚婚晚育，利國利民。」還有另一句寫著：「少生快富。」

我在朱建明的一個朋友家見到他們夫婦。他們住的地方比朋友家更偏遠，還要坐船渡河才能到，所以朱建明選了一個比較舒適也比較容易到達的朋友家。不幸的是遇到停電，於是我們在愈來愈深沉的黑暗中交談。

朱建明身材瘦小，穿著過大的外套；他的顴骨突出，和刀子一樣尖。朱太太的面容甜美紅潤有如柿子，眼神卻很悲傷。

在那個村子裡生活很痛苦，鄰居和朋友都會避開他們。朱太太認為那是因為鄰居害怕他們夫婦現在沒了孩子，會愈來愈依賴別人，向人借錢或求人幫忙，總而言之就是變成可悲的寄生蟲，因為「我們現在沒孩子可以指望了」。

朱建明原先支持一胎化政策。少養幾個孩子對自小飽嘗饑餓之苦的他很有吸引力。他說：「我們吃過草、吃過蟲，從來沒有吃飽過。」

除此之外，還有別的顧慮。在他們那裡，違反一胎化政策都要罰款一千元人民幣，這對剛成家的朱建明來說是天文數字。那時候他當挑夫，一天只能賺到幾毛錢。在四川，挑夫因為肩上挑著用來平衡沉重貨物的扁擔（棒棒）而被稱為「棒棒軍」。這是當地最辛苦、報酬最低的職業之一。身為地位卑微的棒棒軍，朱建明得罪不起計劃生育單位的官員。他說，計生單位的人經常到違反計劃生育規定的人家去砸東西，「就只是為了教訓教訓他們。」

現在他們夫婦倆非常後悔當初遵守了規定，儘管他們也想不出當時還能有什麼辦法。「看到以前的一些同學現在都當爺爺奶奶了，我們心裡真的很難熬。」朱建明顫抖著聲音說。

朱氏夫婦不僅要承受喪女之痛並擔心晚年的經濟保障，新月的死還讓他們覺得自己是社會的失敗者，也因此感到不安。我不難想像他們如何度日：呆坐在昏暗的家裡，面對愈來愈冷漠的鄰居，害怕受到傷害。

我離開前，很懊惱忘了順便帶一份小禮物給他們。我想送他們一個小紀念品當作幸運物。我在車裡到處翻找，最後找出了一小包餅乾。我把餅乾塞給朱太太的時候，她一臉困惑。我揮手告別的時候，看到她把那包餅乾緊抓在手中。他們也向我揮手回應，我看見兩個勇敢的身影。

朱建明的故事見報幾天後，我收到一位美國醫生的電子郵件。這位女醫生接受過不孕治療，儲存了幾個已經受精的胚胎。她說她願意捐一個，或幾個胚胎給朱氏夫婦。她寫道，她不知道朱家要怎麼在中國的農村撫養白人小孩，但她想知道他們會不會有興趣。

這個不可思議而慷慨的提議背後牽涉太多，注定行不通。但我也不禁思忖，如果這一切成真，會是什麼情況。醫學進步讓我們得以延長大自然賦予我們的生育年限，但年限仍然是有限的。一胎化政策並未考量這一點。

翌年春節過後不久，依然沒有小孩的朱建明夫婦離開家鄉尋找工作。他們換了手機號碼，我們從此失聯。

二

也許有人會說，這一切是很不幸，但怎麼會是共產黨要負責？這麼多人喪生，其中還有很多是獨生子女，實在令人悲痛——但為什麼我們不該把它看作是一場沒來由的意外就好？這就要說到奧運會了。我把這兩個事件，也就是地震和奧運會，看成一枚硬幣的兩面。川震及其背後的一切，包括一胎化政策、封鎖校舍坍塌消息的殘酷行徑等，代表著中國國族主義的黑暗面。另一面的北京奧運則是中國不計代價追求發展的成果，象徵這個國家自鴉片戰爭起，忍受過一百多年羞辱之後的重生。

奧運這場運動賽事，是中國政府展現其人口控制方式的另一個場域，這種控制方式的目標是為國爭光。確切地說，透過選擇性生育來培養更具天賦的人類（一種與優生學很接近的思維），就是一胎化政策和中國體育菁英專案兩者共同的核心。

中國官方一向不避諱表明一胎化政策的這個目標：少生、優生。本著同樣的精神，中國的蘇維埃式體育專案的領導階層會私下安排運動員相互結婚，部分原因就是要促進運動人才的基因傳承。這麼做的成果，將會在二〇〇八年奧運中接受嚴苛考驗。

全中國都處於奧運倒數計時狀態，然而情勢突然翻轉，那場地震讓人想起中國國族主義的黑暗面，眼看就要戳破北京精心編排的故事。中國的官方機制於是啟動。地震發生三天後，十七名網路部落客因「散布惡意謠言」被捕。哀痛的父母收到封口費。我採訪一場校舍示威的時候，公安人員一路尾隨，追逐我的車並把我攔下。他們說擔心我的安全，還說要護送我到「安全的地方」。我找藉口脫身了。

我認識的其他記者有人遭拘禁，有人被騷擾，還有人的相機被砸壞。中國網路異議分子黃琦因批評救災措施而入獄。[4]教師劉紹坤被判勞改一年，因為他持續拍攝坍塌校舍的照片，並且在網路上質疑建築品質惡劣。[5]環保人士譚作仁首創「豆腐渣工程」一詞形容在地震中坍塌的校舍，因此遭到拘禁，後來在勞改營中服刑五年。[6]

我開始接到喪子家長打來的電話，告訴我他們遭到威脅和毆打。我很想深入調查，但是懷孕令我無法成行。我一知道自己懷孕後，便盡量不再出遠門，希望等到安然度過前三個月再行動。

我在荷爾蒙變化導致的混亂情緒中度過了那幾個月：在四川見到的一切讓我傷心，未完成的報導讓我牽掛，意外到來的小生命讓我滿心歡喜，而奧運準備工作的啟動則讓我心生激動。

奧運大戲與四川的混亂完全相反，重點完全在於掌控。連天空都要聽政府的。為了減少汙染，名字聽起來很有喬治・歐威爾風格的北京市人工影響天氣辦公室朝空中發射大量裝有碘化銀的火箭彈，製造短暫的大雨來洗去市內經常出現的霧霾。

新奇的建築如森林般拔地而起，它們由知名建築師設計，其中幾乎沒有中國人。奧運舉辦之前的那幾年間，整個北京就是一個巨大的建築工地。成千上萬個像慧美父母那樣的農民工生活在工地簡陋髒亂的環境中，被寫著「奧運建構和諧社會」這類標語的巨型看板隱藏在社會大眾看不到的地方。

後來，混凝土粉塵的氣味總會令我想起這座城市，想起這段時光。

此刻看板一一拆除，揭露出精心打造的建築結構，像是國家體育場鋼鐵交錯的外殼、國家大劇院的圓頂、外觀有如方形甜甜圈的中央電視臺總部大樓。北京市民將這些建築戲稱為「鳥巢」、「雞蛋」和「大褲衩」，但儘管如此，它們都是令人讚嘆的傑出作品，以極佳的巧思與龐大的人力打造而成。

拿大褲衩來說吧，它和我以前看過的建築完全不同，而且是建築學上的矛盾：建築是方形的，卻莫名讓人感受到強烈的陽具暗示。這可能是因為它其中一個部位——其實就是大褲衩的褲襠——憑空伸出了七十五公尺。

大褲衩是一個建築奇觀。兩側巨大的褲管先完工，然後兩座塔有如神話中的愛情故事一般，在破曉時結合。（工程師很平實地解釋說，選在這個時間是為了防止陽光的高溫造成鋼鐵扭曲，導致結構不穩。）大褲衩的設計在競圖中得獎，其中一位評審讚譽它「無所畏懼、樂觀進取」的精神，儼然是新中國的象徵。[7]

然而大褲衩也是全球最雄偉的政治宣傳中心，這是無可迴避的事實。曾獲普立茲獎的評論家英格・薩弗容（Inga Saffron）強烈譴責設計大褲衩的建築師庫哈斯（Rem Koolhaas）為中國的電視壟斷者「奉上一枚建築界的炸彈」。她寫道，這棟大樓的規模與結構會「永遠提醒人民自己有多渺小，而國家又有多強大」。[8]

為了建造大褲衩，有居民的住家遭到強拆，我記得採訪他們的情形。遷走前，他們住在低矮的磚房裡。我去採訪時，房子大部分已人去樓空。全部的窗戶都被砸破，有的還刻上「要人權」之類的字樣。很多公寓住戶抱怨說，他們拿到的賠償金太少，又被迫搬遷。一名女性描述了她旅行回來時發現家門被上鎖、所有家當都已經被人從四樓丟到地上的經過。她痛苦到從四樓一躍而下，不過管區員警救下了她，隨後就把她送進拘留所。

北京的奇特魅力，有一部分來自諸多標示的英文誤譯。此時那些英文標示也不見了，取而代之的正確譯文中規中矩，顯得無聊。[9]東大肛腸醫院的英文從直譯的「Dongda Anus and Intestine Hospital」變成毫無趣味的「Hospital of Proctology」（直腸病醫院）。「Racist Park」（種族歧視公園）則改成「Park of Racial Minorities」（少數民族公園）。殘障人士也毋須再四處尋找標有「Deformed Man」（畸形人）標誌的廁所。數百萬輛汽車被限行，工廠奉命停工。就連市內枯黃的草地都用噴漆噴成了翠綠色。

與此同時，我進行了第一次產檢。技師匆忙地走進來，在我依然平坦的腹部塗上潤滑劑。「那是什麼——噢！」我丈夫盯著胎兒強而有力的心跳說道。這一刻要人不感到歡欣，根本不可能。我們緊握彼此的手，像沙灘上的孩子一樣開心。我不禁開始思忖小孩的名字，想著要對這顆跳動的小心臟讀讀什麼書、說什麼故事。看到寶寶的心跳，讓一切變得無比真實。

「你們很快就會知道孩子的性別了。」技師愉快地說。

我知道如果我是中國公民的話，她是不會這樣跟我說的。為了防止選擇性別而墮胎，醫療人員禁止向準父母透露胎兒性別。當然，你可以走旁門左道。我可能會拐彎抹角地暗示、包紅包，也許能因此拿到一顆藍色或粉紅色的糖果。醫生可能會用咳嗽來表示胎兒是女孩，或者用點頭表是男孩。國家用政策控制人民的子宮時，這就是人民的對策。

三

中國領導人想要的故事——中國登上世界舞臺的派對、中國在全球的崛起——逐漸發揮了影響力。

北京市拉起無形的封鎖線，嚴防滋事分子擾亂這場盛會。所謂的滋事分子包括在地震中痛失子女後遠道前來首都請願、希望政府還他們公道的父母；這種「上訪」的習俗由來已久。不幸的是，他們大多還沒抵達北京就被扣留了。他們被人護送下火車，或者送進拘留所。有些人甚至得自行支付關押期間的食宿費用。

有些父母想去鄰近四川的昆明旅遊，結果卻一路被公安人員尾隨。「他們連個假期都不讓我們安心過。」一位父親憤恨地說。還有一位父親說：「我的孩子死了。連老天爺都容許我哭哭嚷嚷，可是這個政府覺得自己比天還大！」

時間繼續倒數。三十天。二十一天。

關於奧運吉祥物的謠言開始在網路上流傳，謠言中暗示這五個長得像天線寶寶的人物代表中國面臨的災難：熊貓晶晶代表汶川大地震，火焰歡歡和藏羚羊迎迎象徵著奧運聖火傳遞期間受到對中國鎮壓西藏表達抗議的活動干擾，而燕子妮妮則與內蒙古的蝗災有關。這五個吉祥物統稱為「福娃」，但網路酸民卻戲稱他們為「巫娃」。[10]當然，審查機制很快就刪除了這些言論。

十四天。十天。

我在醫院做正式的第一孕期產檢。我的醫生態度很讓人安心。他高興地大聲說：「你熬過危險期了。」他輕輕將超音波探頭滑過我的腹部，皺了皺眉，又檢查了一次。

「沒事，你做掃描的時候就會看得更清楚了。」他說完後，笑著要我去放射科。

放射科的人盯著螢幕看，然後止住了一聲驚嘆。

「你的醫生是誰？」他問道，接著突然離開。

我緊抓住安德魯的手。

他們告訴我，胎兒的心跳，我在幾週前看到的強而有力的心跳，已經停止了。我完全沒有感覺到，完全不知道。

一切都結束了。

後來，我在臥房裡聽到和唐淑秀一樣的抽泣聲。我覺得很奇怪，然後才發現原來哭的人是我自己。

八天。

那天我在醫院接受子宮擴刮手術，第二天就回去工作了。我打算裝作一切都沒有發生過。我的遭遇和四川那些父母的遭遇相比，微不足道。夢醒了，就這樣。早晨已經來臨。

儘管我努力不責怪自己，罪惡感還是不斷湧出。是不是因為我去地震帶，傷害到了孩子？因為提了很重的行李？因為細看了屍體？也許是因為我呼吸了北京受汙染的空氣，或是騎了腳踏車……我嚴厲地告訴自己要理性。懷孕頭三個月流產很常見。但我腦中的聲音依然揮之不去。「是你的錯，是你的錯。是你把你的娃娃害死了。」

零天。

奧運開幕式在鳥巢舉行。它是全世界最大的鋼鐵結構，也極有可能是全世界最愚蠢的東西。因為奧運結束後，這座造價高昂的建築就幾乎沒有實際用途了。為了減少成本，政府捨棄了建造伸縮式屋頂的計畫。沒有遮蓋的運動場，一年中大部分的時間不是太冷，就是太熱。

這天，空氣聞起來有雨的味道，我們不安地摸著自己奧運禮物袋中的雨衣。人工影響天氣辦公室設立了二十六個控制站來擋開雨雲，不讓它們飄到鳥巢上方。[11]

在攝氏三十幾度的高溫下，鳥巢反倒更像一把炒鍋。每個人——政治局官員、小布希（George W. Bush），還有貝克漢（David Beckham）——都在鍋裡烹煮。我拿起雙筒望遠鏡放大場上運動員的身影，看見身高超過二公尺的姚明。他大紅色的外套上透著一片片汗漬。姚明在如雷的掌聲中進場時，牽著一個可愛的九歲小孩。他叫林浩，是汶川地震的倖存者；他從瓦礫堆中拉出了兩名同學。他班上有三分之二的學生在地震中喪生。

在這兩個人裡面，姚明其實更能代表一胎化政策，以及這個政策所擋下的種種可能。姚明生於一九八〇年，屬於一胎化政策實施後出生的第一個世代。父母都是高大的籃球員，他出生時體重就有五公斤。體育官員很早就看出他的潛力，便遊說政府對他父母放寬生育限制，但是徒勞無功。他們那麼做，是希望能有更多像姚明那樣的一流體育人才。[12]

運動員徵召人員愈來愈常抱怨中國父母不願把唯一的寶貝孩子送進運動培訓體制，因為運動員必須和家人分離，接受艱苦的訓練。望著入場的運動員隊伍，我想到一胎化政策最後可能會終結這個運動員培訓體制，真是滑稽。

一名體操選手對我的一個同事說過，她每餐吃的量都非常少，「跟餵貓一樣，」她說，「我一直到出了國才知道，其他國家的運動員練體操是練著玩的。」有「跳水女神」之稱的郭晶晶視力極差，這在中國的頂尖跳水選手之間很常見，因為他們眼睛尚未發育完全就開始進行高衝擊的跳水訓練了。

姚明認為一胎化政策促成了自私與缺乏信任感的心態，而且「可能是我們在團體運動方面表現不佳的一個原因」。[13]中國在體育方面的確有一種自卑情結，因為儘管中國運動員在桌球、跳水和體操這些項目頻頻奪牌，但在商業化的足球和籃球等運動上，表現就沒有那麼好。

體育界人士稱之為「大球小球」理論，認為中國的好成績僅限於注重精確和機械化的運動項目，也就是「小球」，但沒有表現在需要創造力和團隊合作的項目，也就是「大球」上。除了體育以外，這個理論也可以形容中國的各個方面，從教育系統到經濟實力都是。

這天晚上，中國顯然是想改變自己在大球遊戲中的地位。

我在現場做開幕式的即時文字轉播，努力不去想流產、孩子或者地震的事。這一切在我心中連結起來，變成一大團化不開的痛苦。我以為不斷催促大家慶賀中國榮耀並埋藏其過往暴行的奧運，會是忘記那團痛苦的好場合。

但即使在這裡，我也逃不開種種提醒。

拿開幕式的場館來說吧。艾未未是中國最知名的異議藝術家，常被人與安迪．沃荷（Andy Warhol）相提並論。他原本是鳥巢的設計顧問，但最後否認了自己在鳥巢誕生過程當中扮演的角色，並說中國政府把奧運會變成一場騙局。

艾未未在地震發生十天後去四川拍攝了震災實況，對政府掩蓋學校坍塌一事的行為更是直言批判。後來，他還嘗試建立一個震災罹難兒童姓名的資料庫。因為這些努力，他遭到毆打和拘禁，並以逃稅名義處以一千五百二十二萬元人民幣的罰款。

晚上八點八分，這場大戲以震耳欲聾的煙火燃放聲、飛天的嫦娥、太空人，以及動作整齊劃一的太極拳表演者揭開序幕。場上有二千零八名天真可愛的兒童，代表中國的不同民族。這一切都是張藝謀耗費鉅資精心設計的壯觀場面。張藝謀曾經因為拍攝批判中國政權的電影而成為不受歡迎的人物，近年來這位導演的風格緩和了，現在大家都認為他已經成功東山再起。譴責他的人稱他是中國的蘭妮．萊芬斯坦（Leni Riefenstahl）。

張藝謀的確使出了渾身解數。他透過布景調動，輕快地向觀眾呈現出中國五千年的文化，也包含絲路及萬里長城。在其中一個場景裡面，和諧的「和」字顯得分外明亮耀眼。一名天使般的小女孩唱響了家喻戶曉的〈歌唱祖國〉：「我們的前途萬丈光芒。」

一個巨大球體從體育場的地上緩緩升起。這就是中國的「大球」時刻嗎？球體頂部站著一頭長捲髮、有如美杜莎的莎拉．布萊曼（Sarah Brightman），她用甜膩的歌喉唱起奧運主題曲〈我和你〉：「……同住地球村……永遠一家人……」歌詞完全是陳腔濫調。我抹去一滴眼淚。真可笑！我竟然被莎拉．布萊曼感動到流淚！

然後，我心碎了。

四

這一切看起來和實際上並不一樣。

代表中國少數民族的二千零八個孩子？他們全都是漢族。

唱歌的小女孩？她是對嘴唱的，真正的歌手因為長得不夠漂亮，在最後一刻被替換了。

觀眾在電視上看到的煙火？那是電腦合成的。

開幕式的總導演張藝謀後來因為網路傳聞他有多名子女、違反一胎化政策而失勢。計劃生育委員會官員最後對他課以七百四十八萬元人民幣的罰款。這個精心編排了中國最盛大演出的人，最後成為一胎化政策史上被罰最多錢的人。

中國的登場派對，的確展現出這個國家正以全球超級強國的姿態崛起，尤其是在美國雷曼兄弟銀行（Lehman Brothers）破產之後。隨之而來的一連串事件令美國的經濟狀態更加岌岌可危。然而中國非但沒有展現出樂觀進取、無所畏懼的精神，反而愈來愈執著於維護政權。政府箝制媒體，向鄰國宣示領土主權的動作也愈來愈強硬。

奧運會幾個月後，社運人士發表了提倡民主改革的宣言——《零八憲章》。中國政府的回應是監禁起草人之一的劉曉波。二〇一〇年，劉曉波獲頒諾貝爾和平獎，但是由於還在關押中而未能親自領獎（編按：劉曉波後來在獄中診斷出肝癌，已於二〇一七年七月過世）。頗具影響力的清華大學教授孫立平寫道：「可以說，奧運是舉國維穩體制化的開端。現在看來，奧運，可能是我們辦了一件不該辦的事情。」[14]

五

六年後，我來到地處成都西南的安仁。安仁是一個相當繁榮的小地方，有一所學費昂貴的中學和許多模仿古代中國風格的新建築，飛簷斜頂，像極了功夫電影的場景。標示牌指出一家四星級的喜來登酒店即將落成。

安仁是樊建川的得意之作；他是地產大亨，也是歷史迷。在這個把集體遺忘的藝術變成慣例的國度，安仁就像一個幻象。樊建川建造了一個記錄中國近代史的博物館聚落。博物館總共有十五座，涵蓋了從對日抗戰到文革的歷史——這些敏感時期多被中國其他較為正統的博物館藏排除在外。（北京的國家博物館是全球最大的博物館，但是全館只有三行文字間接提及十年文革。）

我造訪安仁，是因為這裡有兩座與汶川大地震有關的博物館。我很好奇，想看看這兩座博物館如何記錄這個事件。中國的博物館總令我失望，因為館中收藏了許多五千年文明傳承下來的醉人文物，管理階層卻大多是一群囉嗦又無聊的討厭鬼，而且對戲劇或說故事毫無概念。安仁的博物館會不會也一樣？

一開始，黨的宣傳看來又要勝利了。其中一個場館裡面滿是模型、圖表和照片，歌頌政府對震災的反應迅速。無可否認，北京的即時處理的確值得稱許，特別是跟布希政府對卡崔娜颶風的反應相比，但是這樣讓參觀很無趣。

展場提供的統計數據如四川花椒一樣令人麻木：

確認死亡：六萬九千二百二十六人

受傷：三十七萬四千六百四十三人

失蹤：一萬七千九百二十三人

道路損毀：五萬三千二百九十五公里

震災中損毀的水管和電纜長度詳細列到了個位數，但喪生兒童和毀壞校舍的數量卻毫無交代。[15]

我在博物館園區閒逛，覺得倦怠的時候看到一個標示：豬堅強。標示旁的豬圈，據稱是最著名的震災倖存者住的地方。吃苦耐勞的豬堅強在震後的瓦礫堆中埋了三十六天後獲救，這段期間牠沒有食物也沒有水。就在我懷疑博物館這個豬圈是不是真的把實物搬過來的時候，後方突然出現一陣刺耳的呼嚕聲。

是豬堅強本尊，碩大的牠威風凜凜地在豬圈裡溜達。牠體型龐大，身上又髒又灰；相較之下，牠的保育員顯得很渺小。從大家都興趣盎然地急忙拿出相機這點看來，這絕對是一個「四條腿好，兩條腿壞」的實例。毫無疑問，豬堅強絕對是我見過最受歡迎的展覽品。

豬堅強在地震前就已經閹割，但是在二〇〇九年，科學家用牠細胞裡的去氧核糖核酸（DNA）複製了六隻小豬，想要研究牠體內是否有任何基因標記令牠如此堅強。就連四川的豬英雄都難逃計劃生育的魔掌。當然，牠和人類不同，政府希望牠多多繁殖。四條腿好，兩條腿壞。

豬堅強的豬圈後方是一棟附屬建築。

在這裡，我終於看到地震真正遺留下來的物品，它們宛如龐貝廢墟那樣令人心酸。其中有永久定格在下午二點二十八分的時鐘。有半隻鞋子和一張新娘頭紗被扯破後的殘片，穿戴它們的新婚夫妻都在地震發生時喪生了。

有一輛紅色摩托車，是一個男人載亡妻回家時騎的。他把死去兩天的妻子捆在自己身上，帶著她騎完兩人的最後一程。

還有射箭臺的壁畫，這座村莊自宋朝起就以生產年畫而馳名。年畫是手繪圖畫，內容是體形圓胖、面色紅潤的娃娃在鯉魚、桃子和牡丹花周圍嬉戲，這些全都是豐足的象徵。這是鄉村使用的一種新年賀圖，比西方國家的卡片更耐用。民眾會在春節時貼出年畫，辭舊迎新。射箭臺在地震中全毀，但是後來重建了。

最讓人心碎的是坍塌校舍的文物，它們全都傳遞著無聲的訊息，訴說著停滯不動的時間與猝然而逝的生命。在被砸毀的課桌、羽毛球拍、背包和乒乓球拍之間，有一本十七歲男孩的日記。最後一篇日記寫於地震發生一週前：「期中考試的成績今天出來了，我考得很差很差。很難過，為什麼我總是這麼沒用呢？為什麼我不好好學習、好好複習呢？爸爸，對不起，真的對不起。」

還有出自漩口中學的手寫當週菜單。學生週一午餐吃辣爆豬頭肉、馬鈴薯絲和花椰菜炒火腿，週二是炒豬肉片和萵苣。地震發生時，很多學生都在飯後午休。有三分之一的學生死亡。

眼前的一切讓我強烈憶起華盛頓特區的猶太人大屠殺博物館，館中展示了數千隻受害者的舊鞋子，任何統計數字都不及那個場景怵目驚心。安仁的地震博物館雖然文字敘述極少——我猜測是為了避開審查——但傳達的聲音仍然響亮。

主要展品是一道貼滿黑白照片的通風井，照片中全是拿著自己死去孩子照片的父母。這張內含照片的照片被放大、複製，黏貼在通風井內部的四壁上，一路往上延伸。

我站在那裡，被哀悼者包圍。我不由自主擡頭望去，這幅傷逝的肖像無盡延伸，如千斤重擔，壓得我難以呼吸。

我沒有料到能在中國看到這樣的紀念。中國近代史上發生了太多可怕的事，馬奎斯（Gabriel García Márquez）筆下馬康多城的人民為念舊所束縛，而中國人則與他們相反。在中國，人民是被遺忘束縛。電臺記者林慕蓮（Louisa Lim）把她關於一九八九年天安門大屠殺的著作命名為《失憶人民共和國》（*The People's Republic of Amnesia*）。天安門事件二十五週年紀念日那天，連「緬懷」這樣的字眼都是網路審查刪除的對象。

在安仁的那座博物館，隨處都有物品點出家庭的重要——看看那些年畫的圖案就能明白，孩子在中國農村代表了很多東西。不僅是愛，更是經濟的保障、社會的認可，還有人生價值的肯定。

地震發生之初，並沒有真正的詞彙可以用來形容喪失唯一子女的父母。「失獨」一詞當時還未流行，過了幾年才開始普及。失獨即失去獨生子女之意，四川的父母成了失獨現象最早的例子，而失獨現象也是一胎化政策的副產物。

到了二〇一四年，失獨父母的數量估計為一百萬，預料每年還會新增七萬六千人。[16]他們成了一個鬆散的組織，彼此安慰，並且向北京請願，爭取更高的賠償金、優先領養權，以及能滿足他們特殊需求的退休金、醫療和喪葬方案。

失獨父母說，在中國的大環境下，失去唯一的孩子所造成的傷害，遠比失去幾個孩子的其中一個大得多。這個事實是西方人無法接受的——對父母來說，一個孩子的死難道不都是絕望痛苦嗎？但是，沒了後代的失獨父母確實較難順利進入養老院或購買墓地。[17]他們在經濟上也比一般退休人員弱勢，而且更容易有憂鬱傾向。[18]中國社會的一切都是以婚姻和家庭為目標，即使政府規定你只能生一個孩子，你也還是具有家長身分，跟你身邊絕大多數的人一樣。那些沒結婚和沒孩子的人，社會評價都很低。

因此，朱建明在新月死後三個星期就做了結紮復通手術。因此，他想到未來孤寂的日子時會聲音顫抖。以他的出身和收入，根本進不了佛羅里達州那種老人之家，不可能和一群銀髮族一起沉浸在手工藝、好作品或吟詩作對當中。

我曾經讀過一個失獨退休人士在網路上發表的文章。他不願住進養老院。他無法面對週末時走廊上充滿探親訪客的景象。

汶川大地震不只是天災導致的一場悲劇。一如北歐海怪在海底露出朦朧的輪廓，這場地震也暴露了一場巨大人為災難背後的悲劇，那場災難就是一胎化政策。

3 卡珊德拉與火箭專家

中國人口眾多是一件極大的好事。再增加多少倍人口也完全有辦法，這辦法就是生產。

——毛澤東

一

在一列又老又慢的火車上坐了十五個小時，隨後又搭了一趟顛簸的巴士之後，我睡眼惺忪地來到翼城。

乍看之下，好像不值得來這一趟。翼城位於內陸省分山西，地方又小又髒。山西是煤礦之鄉，霧霾嚴重的程度就算以中國的標準來衡量，也是極其嚴重。就連山寨版的肯德基和星巴克都懶得到這種地方開分店。翼城有一些風景秀麗的地方，但是都籠罩在汙染造成的混濁空氣中。我驅車到城外的山上時，看到像哈比人那樣居住在古樸窯洞中的人，窯洞外是一片片的向日葵花海。碩大的金黃色花朵精疲力竭地低垂在沙塵中。

翼城人開玩笑說翼城之所以名叫翼城，就是因為大家都想飛離這裡，到更大更乾淨的地方去。但是對關心人口研究的人來說，翼城的名字還有另一個含意。它代表一個從未起飛的中國願景。

有超過二十五年的時間，翼城和其他幾個農村縣都參與了一個祕密試驗。在這些地方，居民幾乎不需要滿足什麼條件，就能生兩個孩子。舉例來說，在中國的許多農村地區，只有在第一胎是女孩的情況下，才可以生第二胎；只有在翼城和其他幾個地方，居民都可以生兩個小孩，無論性別。

這些祕密的二胎特區自一九八五年試驗開始後，一共影響了大約八百萬人。在中國，這個數字不過是九牛一毛。但即便如此，這些地方依然讓人得以好奇窺探，看看那條計劃生育官員沒有選擇的道路是什麼樣子。這些地方的居民由於限制較少，不會被迫以殺嬰或選擇性墮胎來除掉不想要的女兒。如今，翼城及其姊妹縣的性別比例比較接近世界正常水準，生育率也低於全國平均值。二胎許可還讓翼城的官員更易於執行向來不得民心的生育指標落實工作。在翼城擔任村長的黃登高說：「我們不需要使用武力。我們能夠堂堂正正做人，跟鄰里和平共處。」[1]

多年後，力爭推翻一胎化政策的人口學家就舉翼城為例，說明未來中國可能的樣子。此舉也讓翼城試驗背後的推手——梁中堂受到了各界注目。這名默默無聞的經濟學講師，其與眾不同之處就在於三十多年前一胎化政策開始實施時，他是唯一公開批判這項政策的人。

就在一胎化政策於一九八〇年全面實行前幾個月，一場重大的人口討論會在成都召開。梁中堂在會議中警告說，一胎化政策將是「一場慘痛的悲劇」，並將導致一個「無法喘息、了無生氣的社會，沒有未來可言」。[2]

他預見到人口老化且缺少家人扶養的局面，並創造了現在廣為使用的「四比二比一」一詞，指稱兩個成年子女必須扶養四個老人和一個孩子的家庭結構。學者葛蘇珊評論道：「這個數值雖然簡單，卻是極有力的言詞表現手法。」[3]

一個狂風大作的秋日，我在上海虹口區梁中堂家裡見到這位一胎化政策的先知卡珊德拉。風在他擺滿書籍的頂樓公寓周圍呼號，場景很適合這位中國人口運動背後的無名英雄。梁中堂已經退休，姿勢挺直、白髮蒼蒼，說話時言詞相當辛辣。

一些中國當代的人口學家最後改變立場，認同了梁中堂的想法，因他的先見之明而稱他為「英雄」或「國寶」。然而，梁中堂認為自己並不重要，他的反抗和一胎化政策的力量相比，根本微不足道。「我覺得自己什麼都不是。」梁中堂說。在我們所有的對話中，他經常將自己的努力說成「沒用」又「浪費時間」。

年復一年，梁中堂都未能說服政府全面採行他的二胎提案。儘管如此，他還是贏得了改革派黨內大老如胡耀邦、趙紫陽的注意，得以設立一批試驗性的二胎特區。所以，許多在這些地方出生的人之所以能來到這個世界上，多少要感謝梁中堂。

梁中堂譏諷地說：「這還是比呆坐著什麼都不幹要好得多。」接著又補上一句：「當人口學者說話總比當農民管用。」這句話道出了他的雙重身分。

梁中堂出生在農民家庭，有五個兄弟姊妹。一九六六年他高中畢業，本來想去中國的最高學府北京大學攻讀哲學。然而一九六六年並不是懷抱這種志向的好時機，因為毛澤東就在那一年展開文革。偉大的舵手毛主席下令所有學校停課，並發動紅衛兵對知識分子進行長達十年的鬥爭。

梁中堂因此錯失了接受高等教育的機會，而且始終未能彌補這個缺憾——後來他力圖讓中國計劃生育官員認真考慮自己的提議時，沒上過大學這件事讓他吃了很多虧。他當了兵，在解放軍中靠著自學政治理論還有饑渴地閱讀馬克思與恩格斯的著作消磨時光。最後他當上山西省會太原一所黨校的教師。一九七〇年代晚期，校方要求他教授人口學課程，他當初對這個科目既不熟悉，也毫無興趣。

文革過後，人口學——確切地說，是所有社會科學——遭到質疑，從大學課程中被剔除。中國成為聯合國安理會常任理事國之後，人口學這門學科才重新得到重視。中國人口研究學會則到一九八一年才成立，比一胎化政策的實施還晚了一年。[4]

梁中堂說，早年中國曾經使用一套從蘇聯學來的系統，這套系統只注重生產力和經濟統計資料，而不考慮社會和經濟因素的影響（與西方國家相反）。中國的人口學者甚至不會製作這個領域最基本的人口壽命表來推測國民的預期壽命，直到一九八〇年代早期才改觀。

一九八〇年，北京決定實施嚴厲的人口控制措施，但是當時領導階層還不清楚中國到底有多少人口。根據人口學者夏樂平（Thomas Scharping）的說法，中國到當時為止的最後一次人口統計是在十五年前，而且只提供了「很粗略的數字」。[5]中國在如此薄弱的基礎上展開全世界最大規模的人口試驗，在我看來很不可思議。想到這裡，我問梁中堂，我讀過一種對評論家的定義：「沒有腿卻教人怎麼跑步」[6]，這兩者是不是有點像？

梁中堂說的確是這樣，「但是你要記得，那個時候大家都覺得自己淹沒在人海裡了，也覺得如果不採取行動的話，我們就會永遠貧窮下去。人太多。」

諸如中國和印度這樣的文明古國，自古以來就人口眾多。十三世紀時，繁華的湖畔城市杭州就是世界最大的城市，有一百五十萬居民。這座城市令義大利遊客馬可孛羅（Marco Polo）驚嘆不已[7]，他的家鄉威尼斯當時還是個相對落後的地方。

但是，二十世紀後半的人口成長速度前所未見，這是因為醫療技術的進步降低了嬰兒死亡率，同時也延長了人口壽命。在中國，人口從一九四九年的五億四千萬大幅增長到二十年後的八億多。再過十年，蒙地蟒蛇劇團（Monty Python）已經唱著：「今天世上有九億中國人，我說你們最好學著喜歡他們。」[8]

中國自一九五〇年代就開始斷斷續續實施人口控制，主要是透過立法規定最低結婚年齡，以及發放免費保險套和免費置入子宮內避孕器。一九七〇年代，中國推行鼓勵夫妻晚婚、拉長生育間隔並減少生育的「晚稀少」運動，認真執行人口控制。當時宣傳的口號是「一個不少，兩個正好，三個多了」。[9]

幾乎所有人口學者都同意「晚稀少」在控制中國激增的人口方面是一大成功。政策實施的十年間，中國婦女平均生育率從六胎降到三胎。[10]這種驚人成果的背後必定少不了某種程度的強制性，但是與一胎化政策施行期間採取的強制措施完全不能相提並論。那麼，為什麼政府沒有繼續沿用「晚稀少」，反而變本加厲？

政治因素是這個決策的關鍵。一九七六年毛澤東過世，黨內跟著出現權力鬥爭。當時中國力圖在大躍進和文革等災難性政策之後重新振作，華國鋒、胡耀邦、鄧小平等新任領導人需要強化自己的正當性，並提升人民低落的士氣。他們打算透過振興經濟來鞏固政權，並認為已經實施十年的晚稀少政策太慢見效，無法促成經濟急速成長。

控制生育的理由很簡單：為了快速提高人均GDP，中國必須提升產出並減緩人口成長。減緩人口成長顯然比提升產出容易做到。

鄧小平設定了到二〇〇〇年人均GDP要翻兩番成四倍、達到一千美元的目標。計劃生育官員反推回來，發現中國如果繼續實行二胎政策便無法達到這個目標，因此需要緊縮限制，全面實施一胎化。這基本上就是一胎化政策的由來：一個專斷的經濟目標，改變了許許多多人的人生。

二〇〇〇年到來的時候，中國人口只比十二億的目標略多了六千萬。考慮到人均GDP已經超出鄧小平原先設下的一千美元目標達到三倍有餘，這個成果還不錯。但即便如此，政府仍然持續強調人口控制措施需要維持。國家人口和計劃生育委員會主任說過：「經濟發展就好比我們做蛋糕……我們要把吃蛋糕的人口的增長，讓它稍微增長得慢一點。」[11]

不是只有梁中堂一人預見到一胎化政策會引發哪些社會問題：人口老化、重男輕女、長期下來勞動力大量減少。但是，決心實施此政策的人認為這些問題都可以輕易解決，因此置之不理。科學家宋健的推算對於一胎化政策的實施具有重要作用，他便曾公開駁斥這些顧慮。他在一篇一九八〇年發表的文章中提及：「在比較遙遠的將來，人口老化問題真正出現以前，完全可以根據科學預測，及早地調整育齡婦女的平均生育率，把人口發展相對穩定在一個比較理想的水準上。」[12]

如果宋健對人口狀態的預言——人口老化和生育率都像機器的操縱桿一樣可以隨意調節[13]——令人無法置信，可能是因為他的專業領域就是機械。確切地說，是火箭。

一個火箭工程師怎麼會參與決定中國婦女可以生幾個小孩？要回答這個問題，我們就要先檢視中國國內外導致這個政策誕生的特殊背景。

二

倉促推出、期限過後又繼續苟延殘喘的一胎化政策本來就不打算永久持續。這項政策在一九八〇年開辦時，中國的領導人承諾，這些擾人的生育限制只是暫時的。中共中央委員會宣布此項政策時說：「到三十年以後，目前特別緊張的人口增長問題就可以緩和，也就可以採取不同的人口政策了。」[14]

持平而言，懼怕人口定時炸彈的不是只有中國領導人。這種觀念在一九六〇到一九七〇年代十分盛行，和喇叭褲及電休克療法一樣。二戰之後，不光是中國，全球的人口都在增長。民眾不再作戰，轉而做愛；可以想見，嬰兒也隨之而來。保育人士和生態學者開始敲響饑荒的警鐘。

一九六八年，史丹佛大學教授埃爾利希（Paul Ehrlich）在其意外暢銷的著作《人口炸彈》（*The Population Bomb*）中，誇張地宣告「餵養全人類的奮戰已經結束」，「數億人口將會餓死」。沒有任何預防措施能避免「全球死亡率顯著上升」，埃爾利希寫道。[15]

一九六九年，聯合國創立了聯合國人口活動基金（一九八七年重新命名為聯合國人口基金），目的是控制第三世界國家的人口增長。

一九七二年，由著名學者和政治人物組成的組織羅馬俱樂部出版了《成長的極限》（*The Limits to Growth*）一書。[16]這本書與《人口炸彈》一樣，主張經濟成長從生態上來說無法永續。羅馬俱樂部利用麻省理工學院的電腦模擬，提出了在假設性的世界人口當中，好幾種可能會出現的全球資源分配情形。其中多數的預測都很悲觀，有些甚至預期在二十一世紀中後期，會出現全球經濟崩潰。

於是，控制全球人口——特別是控制有色人種——的奮戰進入白熱化階段，而西方國家對人口控制活動投注了大量支援。

印度曾經短暫實施強制性絕育計畫，這個不得人心的舉動後來導致英迪拉・甘地（Indira Gandhi）被迫下臺（不過後來她又重新掌權）；韓國推行過「兩個孩子太多」運動，就連我老家附近的小島國新加坡（該國目前人口還不及紐約市）也發起過「兩個就夠了」運動。我小時候見過很多跟這些政令宣傳有關的東西。我還記得有一幅海報上畫著很多手伸向一條麵包的圖案。[17]

這就是中國在經歷十年文革閉關鎖國之後所踏入的世界。此時的中國，立場相當獨特。雖然印度和印尼等國家也強制實行人口控制措施，但只有中國具備大規模強推這些想法所需要的專制政治體制，以及社會與文化的配合。像羅馬俱樂部這樣的西方科學家把闡釋人口控制理論當成腦力激盪的時候，中國的科學家已經準備好將這些想法實踐在真正的人口身上，而且幾乎完全沒有避免失敗的方法。

當時的中國飽受摧殘、民心渙散，知識資本被文革破壞殆盡，配給小孩數量的想法對人民而言就和配給煤炭及糧食一樣，都說得通。[18]

受影響的人在一胎化政策最嚴重的衝擊開始出現後，也沒有合適的政治途徑來表達憤怒，這點與印度等國不同。同時，中國亦沒有關於節育和墮胎的宗教信條需要根除。

現在看來，中國當時是減少生育的沃土。

有證據指出，西方一些縮減人口的理念在中國扎下了根。一九七五年，宋健隨一個中國代表團訪問荷蘭，在那裡見到年輕的荷蘭數學家奧爾斯德（Geert Jan Olsder）。「他看起來就是個普通人，非常親切，」奧爾斯德回憶道。[19] 經過多年，他對自己無意間在中國人口運動中扮演的角色依然感到困惑。那天奧爾斯德在喝啤酒時，對宋健提起自己跟別人合作撰寫的一篇論文。文中提出一個問題：如何預防一座虛構的島嶼人口過剩。奧爾斯德和他的同事想出一個「巧妙的數學解法」，他把這個解法告訴了宋健。

「現在想想，那時候他好像振奮了起來，」奧爾斯德說，「他眼睛都亮了。」

當時，奧爾斯德以為跟他交談的那個人是同領域的學者。他完全不知道宋健是中國的超級科學家之一；這群菁英分子在軍中的貢獻讓他們得以在文革中全身而退，而其他所有知識分子都飽受折磨。文革結束後，只有他們帶著完好無損的知識資源與社會資源崛起。

曾經留學蘇聯的宋健是彈道飛彈專家，也是錢學森的得意門生；錢學森是美國航太總署（NASA）噴射推進實驗室優秀的共同創辦人，後來因為在麥卡錫主義的反共獵巫運動中屢遭羞辱而憤然離開美國。中國對錢學森自然張開雙臂歡迎。他回國後主導中國的火箭計畫並指導宋健等學生，而宋健後來在一胎化政策的問世中扮演了重要角色。

透過錢學森的引薦，宋健有了接觸最上層政軍界領導的機會。[20]其後幾年間，他和他的同事李廣元、于景元和田雪原便將奧爾斯德與其他歐洲學者的研究發現當成為中國打造生育率控制方案的基礎。[21]他們與奧爾斯德不同，並不只是把控制生育率當成學術問題而已。他們追求現實生活中的應用。

在一九七九年那場成都的人口討論會上，宋健等人的數學方案與梁中堂以人為本的建議產生了衝突。

三

成都的會議是一個里程碑，因為許多學者在會中各自提出了抑制中國眾多人口的方案。這次會議如何影響了後續事件，現在不得而知。部分史學家相信這次會議是一個轉捩點，讓情勢明顯偏向飛彈專家極端的一胎化政策提案；也有一部分人認為此時共產黨高層早已做出決定，成都的會議只是在看學者做無意義的爭論與謾罵罷了。不過，成都的討論至少證明還是有其他的觀點存在。一胎化政策並不是討論桌上唯一的解決方案，但它是所有方案中最極端的一個。

西安交通大學的一個數學家團隊在會上發表論文，說明政府要在二〇〇〇年之前實現人口零增長的目標不可能實現。那不是政府想聽的說法，於是這篇論文就此消失。[22]梁中堂因為公開質疑一胎化政策，受到的待遇更差。國家人口和計劃生育委員會辦公室主任栗秀珍駁斥梁中堂的觀點，並稱「問題哪裡會有那麼嚴重？」

「中國人已經習慣了一個時期只聽一種聲音，」梁中堂說。「猛然聽了這不同的批評觀點，一下子炸了鍋，會上就有不同的反響。」

梁中堂的率直展現了莫大的勇氣，因為中國有很多學者在發表與共產黨觀點對立的言論後承受惡果。在這件事發生的二十年前，北京大學校長馬寅初就是這樣斷送他的職業生涯。諷刺的是，一九五九年主張控制人口的馬寅初，現在被譽為一胎化政策之父。很不幸的，馬寅初當年的看法與毛澤東的想法完全相反。毛澤東對人口控制的立場飄忽不定，總是在「愈多愈好」與「少即是多」之間搖擺。馬寅初運氣不好，奮力爭取控制人口的時候正好遇上偉大的舵手毛主席處在「愈多愈好」的陣營。於是他立刻被革去中國頂尖大學的校長職務，經過漫長的二十年才得到政治平反[23]，而梁中堂大約就是在這個時候公開對人口控制表示反對。

在成都的會議上，梁中堂與火箭專家產生衝突，而火箭專家用他們複雜的運算博得眾人欽佩；相較之下，梁中堂的預測內容看起來有如穴居人的塗鴉。

李廣元在會上代表宋健的團隊發言。三十五歲左右的他口才極佳，畢業於頗負盛名的中國科學技術大學。他說明了自己的團隊如何運用控制論——複雜機械系統的控制與通訊科學——來計算中國未來的人口。對與會學者——其中許多甚至沒有個人電腦可以使用——而言，李廣元所說的內容「都是大多數人聞所未聞的學科，感覺神祕得不得了，」梁中堂回想道，「感染了會議的氣氛。」

中國的火箭專家主張，即使限制每個家庭只能生二胎或三胎，人口依然會繼續膨脹。[24]根據他們的預測，就算採用「最激烈的措施，規定一對夫婦只能生一胎，人口依然會持續增加整整二十五年，」葛蘇珊寫道。

梁中堂記得李廣元在會議結束後不久問他：「你關於今後二十年的人口數字是怎麼算的？」[25]

「用筆算的。」梁中堂回答。

「那多慢呀？用電腦簡單多了。比如今後一百年的人口預測，要不了一個小時，就全打出來了。絕對準確。」[26]根據梁中堂的描述，李廣元這句話是大聲說出來的。

幾個月後，宋健團隊的研究成果開始出現在主流媒體上。同時，一胎化政策在很多內部會議上被解讀成唯一能解決中國人口問題的辦法。

同年九月二十五日，共產黨發表了一封致全體黨員的公開信，要求黨員自願只生育一個孩子。中國歷史上最激進且為時最長的社會實驗就此展開。

梁中堂從成都返家時失望至極，萬分沮喪。他對這群科學家的傲慢極為不滿，說他們「擺出一付『捨我其誰』的架勢，要求七、八億之眾的民族用自己的生活、生命實踐他們倉促計算的結果」。他怒斥學者「以偽科學唬人和推波助瀾」，為中央政府的計畫搖旗吶喊。[27]

直到二十年後，才出現一群新的改革人士；這些學者試圖運用邏輯和研究做為工具，解開一胎化政策這個棘手的難題。

四

中國火箭專家對自己做的人口增長預測信心滿滿，甚至拒絕考慮人類行為或科技可能會改變預測的結果；這一切現在回顧起來相當驚人。他們似乎對這個解決方案的正確性十分篤定。

這種人定勝天的心態，在宋健和于景元於一九八五年出版的書中一覽無遺；他們在這本解說他們理論的書裡寫道：

人類自從數百萬年前出現在地球上以後，就一直在與自然爭鬥。現在，人類終於用自己的智慧和社會力量征服了自然，贏得了光榮的勝利。

我們已經將整個植物界納入我們的掌控之下。……我們已經成為整個動物界的統治者，並且征服了所有曾經殺死或傷害我們許多祖先的兇殘猛獸。……現在我們實現了對牠們的報復，用牠們的生命償還了牠們在歷史上欠我們的血債。

我們已經馴服了江河、控制了閃電……漫遊於外太空，登陸了月球，並且派遣信使去金星、火星和其他行星……

簡而言之，我們是勝利者，我們掌控了世界，我們征服了外太空，我們也贏得了自由。[28]

火箭專家計算出中國從當時算起的一個世紀後，最理想人口數是七億左右，但他們的計算是基於一系列不可靠的假設。[29]舉例來說，他們預設中國人的理想飲食會包含與西方人一樣的蛋白質攝取情形。中國的農產量根本無法突然增加到可以滿足這個突如其來的改變，所以要達到目標，就一定要大量減少人口。葛蘇珊說，整個計畫就是以「出於經驗的猜測為基礎」來做出「無數誇大的假設」。[30]

火箭專家的計算並未考慮到生育率會因為教育程度提高的中國現代女性選擇生比較少孩子而下降。到了二〇一〇年，人口普查結果顯示平均每年的人口成長率只有前一個十年的一半。[31]

在與很多人口學者對話的過程中，我瞭解到預測人口增長是很困難的一件事。準確的預報，最多只能預測未來二十到三十年的時間範圍。人口學家做預測時，是基於三個要素：出生人數，人的壽命，以及人的遷移狀態。

這三個要素當中，目前只有一項，也就是死亡率可以準確預測。遷移模式和生育模式很難預測，因為這兩個要素與個人決定及行動力息息相關。人口學者康奈利（Matthew Connelly）說過：「沒有可靠的理論能解釋生育率為何會隨時間變化，更不用說預測變化了。」[32]到了本世紀末，全球人口可能會達到八十億[33]到一百三十億[34]之間的任何一點，端看你選擇相信哪種人口預測結果。這兩個數字之間的差距，相當於一九五〇年代的全球人口總數。[35]人口學者埃伯施塔特（Nicolas Eberstadt）說，人口學家知道二〇三〇年會有多少人口，但是就二〇五〇年來說，「我們處在未知的水域，」至於二一〇〇年的預測——「嗯，那是科幻小說。」[36]

現已退休的奧爾斯德教授說自己當年的數學問題「只是一種非常棒的數學練習」。他並未考慮社會和經濟因素。[37]

「我不知道，當時我們在大學裡，有終身職位，我只是努力在數學方面不斷創新。設計那個問題是為了和其他同事競爭，炫耀一下自己的成果，讓別人知道你有在做事。我從沒想到會產生這麼多的連鎖效應。」

羅馬俱樂部的末日預言並未實現，但是「對很多人來說，那是一次覺醒，讓他們意識到要謹慎對待地球和我們的資源，」奧爾斯德說。他認為「在各項條件相同的情況下，我們都應該這麼做，推行一胎政策。」

我出於好奇而詢問奧爾斯德有幾個孩子。得知他有三個女兒和五個外孫，我並不意外。因為許多採訪做下來，我已經開始注意到那些支持一胎化政策的人如果不住在中國，生的孩子就不只一個。

反觀像學者王峰那樣的人——王峰稱一胎化政策是中國最差勁的政策，甚至比大躍進和文革還要糟糕——雖然住在美國，卻只生了一個孩子。少了政府的限制，很多人對一胎化政策的看法與他們的行為似乎對不起來。

奧爾斯德後來在研討會上見過宋健幾次。二〇〇四年，宋健再度到台夫特探訪奧爾斯德，這次有私人祕書、司機，以及兩名保鑣陪同。

這時宋健已經晉升為中國最高的國家行政機構——國務院的國務委員。[38]同時他也擔任三峽工程建設委員會副主任，參與了另一項備受爭議的大型專案。只不過三峽建委不是要建造阻擋人類生育的大壩，而是要阻攔長江的滾滾洪流並打造龐大的水力電力來源。

三峽工程和一胎化政策一樣，因為造成意料之外的負面影響而備受批評。三峽的案例是洪水、山崩、地震活動增加，以及被當地人稱為「長江女神」的稀有物種白鱀豚加速滅絕。諷刺的是，宋健當時還是國務院環境保護委員會的主任。

宋健將他的《人口控制論》(*Population System Control*)一九八八年英文版送給奧爾斯德。書裡的其中一節，宋健詳細闡述了自己對保育的觀點，敘述三峽兩岸在一千多年前曾經是「猿猴天堂」，後來人口增加導致森林遭到砍伐。「親愛的動物，你們要理解，人類的慈悲是有限的，我們可以在動物園或保護區留一個角落給你們，以防你們的物種滅絕。你們應該感謝人類的慷慨與仁慈。」[39]

五

要理解一胎化政策的起源，不僅要問政策是如何產生的，還要問政策為何持續了這麼久。

二〇〇〇年，一個由中國頂尖人口學者和前政府官員組成的特設小組聚在一起，討論如何改變一胎化政策。人民大學人口與發展研究中心負責人顧寶昌就是小組的發起人之一。顧寶昌是中國國家人口和計劃生育委員會的前任高級顧問，在計劃生育的圈子裡舉足輕重，與共產黨的領導階層關係密切。

還有一個關係良好的成員，即退休的國家人口和計劃生育委員會高官張二力。部分改革人士也是中國第一批留洋的人口學者，像是加州大學爾灣分校的教授王峰。他們的目的是蒐集與整理出令人信服的證據，證明一胎化政策已經不再適合中國經濟和社會發展的需要。這個智囊團聚集了中國一些最優秀、最聰明的社會科學家。

這個小組認為一胎化政策實施即將進入第三十個年頭，應該已經到了尾聲，改變的時機也已成熟。

改革人士希望能有說服力地回答在中國人口統計圈廣為流傳的疑問，例如：中國實際的生育率為何？中國的人口增長是否依然強勁，還是已經減緩了？如果有減緩，又減緩了多少？還有，最讓人好奇的是，如果政府放寬、甚至取消一胎化政策會怎麼樣？是否會導致嬰兒潮，讓政策的成效化為烏有？

為了尋找答案，他們轉向大約十五年前在梁中堂主張下成立的二胎祕密試辦區。這些聚落證明，放寬限制並不會導致嬰兒潮。與中國其他地區相較，翼城和其他試辦區的生育率都低於平均值，性別比例不均現象比較不明顯，而且殺嬰和性別滅絕案例也比較少。[40]

二〇〇四年，改革小組將一份調查結果報告呈給國家人口和計劃生育委員會及其他政府機構。他們宣稱，政府該放寬一胎化政策了。除了性別比例嚴重失衡與人口老化的社會成本之外，小組還舉出中國生育率已經低於人口替代率的證據。他們遊說政府擴大二胎試辦區的範圍，允許更多中國人擁有決定家庭規模與組成的自由。

但是政府並未被說服。很多人依然相信，中國可能會再次出現嬰兒潮，造成人口回升。批評改革小組的人表示，翼城和其他二胎試辦區無法真正代表中國。[41]這個說法有幾分真實。試辦區之一的酒泉位於新疆和內蒙之間，有遊牧傳統且家族觀念淡泊。恩施則是山區，男女平等的傳統一直很強烈。

於是一切又回到了原點。二〇〇六年，改革人士前往上海北方的江蘇省一個最先實施單獨二胎政策的地方。（「單獨」意指夫婦其中一人是獨生子女。）符合條件的夫婦大約只有十分之一使用這個權利，生了第二胎。

二〇〇八年，改革人士再次利用這些新發現，向中國政府機構提出建議。他們這次的語氣更迫切：老化問題的急迫性提升，報告也包含跨國資料比較的結果。但是「政府的反應依然如故」，北卡羅來納大學教堂山分校的教授蔡泳表示。[42]

在那之後，這群改革人士決定將爭論公諸於世，不再依靠內部遊說。他們開始將調查結果和評論公開發表在國內各大新聞媒體上。

原本以榮譽教授身分協助這群改革人士的梁中堂，開始逐漸進入公眾視野。改革小組開始高調宣傳翼城的成功案例時，梁中堂陪同學者和記者來到翼城，利用自己的人脈安排他們採訪官員。《基督教科學箴言報》特派員福特（Peter Ford）還記得與梁中堂共處的情形。「當地人把他當成神一樣對待，」福特說。「如果沒有他的陪同，我顯然不會有採訪機會。」[43]

改革人士也決定要取得經濟學家的支持；許多經濟學家一直在爭論一胎化政策對中國勞動市場的影響。加入支持改革的經濟學家包括大名鼎鼎的梁建章，這名身價不凡的網路企業家是中國最大旅遊網站之一「攜程網」的創始人兼執行長。梁建章是史丹佛大學經濟學博士，寫過《中國人太多了嗎？》一書，書中指出一胎化政策會抑制企業家精神與創新。[44]

然而，改革小組依然屢屢碰壁。政府多次重申，一胎化政策不會有大變化。梁中堂憤怒地說，中國已經成為「一輛裝甲車似的」，駕駛開車時「完全沒有注意外面的變化」。[45]

二〇一二年，爭論升溫。二十二歲的工廠工人馮建梅懷了第二胎，已經有一個四歲女兒的她認為自己符合生二胎的免責標準。當地官員卻不這麼認為，並且要求馮建梅和她丈夫繳交四萬人民幣的罰款。

馮建梅很可能覺得即使合法性有疑慮，她還是可以讓孩子足月生產。只是在孩子生下來之前，她都要面臨被強制墮胎的風險。於是她為了生孩子而東躲西藏，在親戚家裡避風頭。

有一次，馮建梅為了躲避主管單位而在下著雨的幽暗山坡上躲了幾個小時。這一切都徒勞無功。她懷孕七個月時，計生官員抓到她，用枕頭套罩住頭，強行把她拖進醫院。[46]他們要求她丈夫鄧吉元繳交四萬人民幣罰款，鄧吉元後來協商到只需繳交三萬元。他從同事那裡借到一部分的錢之後，火速趕往醫院。他希望官員接受他立借據，日後再把剩餘的罰款還清。但是他收到官員回覆的簡訊，要他把罰款繳清，「一分都不能少」。與此同時，馮建梅被迫簽署一份自願同意墮胎聲明。六月二日，她被注射了會導致死胎的物質。後來她說：「引產之前，孩子的活動一直很正常，但打過引產針後，肚子裡就沒動靜了。」[47]

馮建梅的遭遇讓人憤怒，但也並非前所未聞。一九八〇年代早期，史丹佛大學人類學博士生毛思迪（Steve Mosher）在中國南方進行田野調查時，目睹過幾次懷孕晚期的強制墮胎事件[48]，此後這種駭人聽聞的故事便屢屢出現。毛思迪在他的書中公開這些發現，結果被踢出史丹佛的博士班。校方的理由是他在書中公開墮胎受害者的照片和真實姓名，違反了人類學的基本原則。（我的一個記者朋友譏諷地說：「那些孕婦權利被侵犯的程度比這大多了。」）許多人認為史丹佛大學屈服於中國政府的壓力，才會開除毛思迪。

中國經濟在一九九〇年代後期迅速崛起，繳得起超生罰款的人變多，這樣的事件也隨之減少。但是馮建梅的案例再次引發了針對懷孕晚期強制墮胎問題的熱議，並在社群媒體上廣為流傳。馮建梅的小姑用手機拍下一張萎靡不振的嫂嫂躺在病床上的照片，身邊還躺著她七個月大、幾乎已經完全成形的胎兒屍體。這個寫實的影像在網路上瘋傳，也讓整個國家熱烈爭論一胎化政策。數十萬人在網路上張貼評論，稱計生委官員野蠻殘忍，蓄意殺人，然而審查單位很快便刪除了這些評論。就連許多本來支持一胎化政策的城市居民都對此感到震驚。

改革小組抓住這個機會，向全國人民代表大會遞交了一封公開信；信中指出，一胎化政策迫切需要改變。在此之前，一個附屬於中央政治局的智庫也剛剛提出類似的呼籲。

改革小組中的計生委退休官員張二力，對馮建梅事件的感觸尤其深刻。他在電視上含淚向所有曾經被迫墮胎的婦女道歉。他說：「我覺得我挺有愧的。中國婦女做出了很大的犧牲，做為一個負責任的政府，應該回報她們。」[49]前任政府高官像這樣公開認錯，意義非凡，何況他過去任職的單位必須為強制墮胎負起責任。

我在北京採訪了張二力。當時他剛剛做完一個化療療程，但是看起來機敏靈活，活力旺盛。在加入國家計生委之前，他是清華大學的電子工程學教授。

「政策確實有缺失，」張二力說，「我現在可以這麼說，但已經沒有用了。」

經過十年以上的幕後遊說，北京在二〇一三年宣布將人口和計劃生育委員會併入衛生部之下。此舉直接從制度上約束了計生委，也被廣泛解讀成逐漸取消一胎化政策的第一步。

同年稍後，政府宣布將繼續放寬全國性一胎化政策，所有「單獨」夫婦均可生育二胎。

這是十多年來，一胎化政策第一次做出重大調整。商業分析人士預測將會出現新一波嬰兒潮，而相關的尿布、奶粉、汽車、甚至鋼琴的銷量都會增加[50]，好像兩個孩子不能共用一架鋼琴似的。

日本紙尿褲製造商嬌聯的股價在「單獨」政策宣布後的第一個交易日暴漲了四・二％，全年則上漲了四四％。[51]（那些分析最後證實錯得離譜。實際申請「單獨」豁免的人數遠低於官方的預期。）

「單獨」政策宣布後不久，我再度拜訪梁中堂。這次他說話很刻薄。

「政策公布那天，我接到很多電話。有些是國外媒體打來的。他們聽起來都很高興。但我問他們：『如果這是你們國家的政策呢？你會因為政策放寬了一點就歡欣鼓舞嗎？』」他說。「這是前進一步，倒退兩步。」

梁中堂說，「單獨」豁免政策只會影響到一小群人。這對解決一胎化政策帶來的問題沒有什麼幫助。很多中國城市的夫婦雙方都是獨生子女，按照舊有的規定，他們已經有資格生兩個孩子了。

「中國唯一一次談到家庭決定你的未來，是在文革期間。過了三十年，我們不再這樣說了。反之，我們尋求平等和自由意志。這是進步。但是單獨政策推出，我們就又退回到父母的選擇決定一切的年代。你不能生第二個孩子，因為你父母當初決定要生兩個孩子。這不是你的選擇。」

我們相對無言。

我瞥了一眼梁教授的書櫃，上面擺著幾張他孫子孫女的照片。他在英國的女兒和在上海的兒子都選擇只生一個孩子。他說自己和他們的決定沒有任何關係。我指出一張他和小孫子在公園的照片，照片中的他穿著白汗衫，看起來很悠閒，和我眼前這個尖刻而憤怒的人判若兩人。我問他，要如何向孫子孫女解釋一胎化政策，還有他留給他們的一切？

梁中堂不假思索地回答：「如果他們想聽的話，我會據實以告。從這個政策的制定到實施都會說。我還會告訴他們，這個政策的存在代表中國還處在很低的地位。那才是一胎化這類荒謬政策存在的原因。」

曾經提倡二胎計畫的梁中堂，如今已不再認為需要有任何限制。「我逐漸意識到，重點不是生一個孩子還是兩個的問題，而是人自主做決定的問題。」

一年後，官方數字顯示符合條件的夫婦中，只有三五％利用「單獨」的豁免權申請生第二胎，比官方預測少很多。目前為止，嬰兒潮並未出現。[52]很多夫婦表示，養孩子的成本太高是一個原因。

事實再次證明：卡珊德拉是對的。他還有另一項預測：一胎化政策不到十年就會廢除。

4 人口警察

中國的計劃生育是在自願基礎上實行的。

——趙紫陽

文明就是絕育。

——赫胥黎，《美麗新世界》

一

馬青菊過去總在牆上掛一塊板子，上面寫著她有哪些朋友懷孕了，還寫著他們使用何種避孕方式；生了一個孩子還是兩個；有沒有動過絕育手術；是懷孕、已婚還是單身。她的行為把「瞭解你的鄰居」這句話提高到全新的境界。

青菊四十五歲，性情爽朗，在冀城縣一個名叫黃家鋪的小村子經營一家小吃店。直到不久前，她每年還能靠擔任「小組長」多賺四百塊人民幣，工作就是追蹤十個家庭的生殖習慣，並將這些細節報告給村裡的計生委。

「這工作不難，大家彼此都很熟嘛，」馬青菊說。她自豪地告訴我，她的小組裡沒有一個人超過二胎限額。

除了像青菊這樣的小組長外，人口五百的黃家鋪村還有十五名負責計劃生育事宜的全職人員。

這些村級計生辦公室是中國計劃生育體制的基本構成單位，這體制從基層的八千五百萬名兼職員工，一直到最上層國家計生委的五十萬名全職員工，就是一個龐大臃腫的巨獸。[1] 計生委還有自己的檔案部、統計部和宣傳部，附屬的藥理學研究中心、電影製作中心和出版中心，以及一家負責展覽和會議的顧問公司。其他諸如軍方和公安這樣的國家機構還擁有自己內部的計劃生育單位，國營企業也一樣。

分析人士指出，北京鬆綁一胎化政策的動作會這麼慢，一部分原因就是這個體制太複雜、影響範圍太大。計劃生育與政府的日常事務向來緊密結合，帶來的收入也不可或缺，使得終結這一切成為一項挑戰。

我到冀城去瞭解這個龐大體制在基層的運作情形。由於冀城縣的生育限制相對寬鬆，我得以找到一些退休的計生官員現身說法。很多官員在一九八〇年一胎化政策開始前就已經從事計劃生育工作，一九八五年翼城推行二胎試辦之後也持續待在崗位上。他們向我解釋了政策的種種搖擺不定，這讓他們自己都覺得暈頭轉向。

舉例來說，青菊表示現在計劃生育工作實際上已經沒有必要了。養育小孩的開銷太大，所以她那個小組裡面的年輕人根本不想生第二胎。

「大家都只想生一個，」青菊說。自一九八五年以來，黃家鋪只有一戶人家生了第三胎；這對夫婦是做汽車零件生意的，相對比較富裕。

但是即使有了比較寬鬆的二胎限制，有些規定依然讓人覺得很麻煩。例如，一九九〇年代就有一條規定，要求婦女在生下第二胎後接受絕育手術，還有一條規定是兩個孩子之間必須間隔五年以上。[2]

如果有婦女不想再生育，但也不想做絕育手術呢？如果一對夫妻生了第一胎之後三年就懷了第二胎，而不是五年呢？根據黃家鋪前村長黃登高的說法，這時候即使是翼城這樣溫和的計劃生育體制也會展現出醜陋的一面。

最常見的懲罰措施是罰款：超生父母被罰的金額是他們年度可支配所得的五到十倍。「如果他們太窮，繳不起罰款，我們就去他們家裡搬東西，不過只發生過幾次，」黃村長說。他表示他們最喜歡搬電視——抵得上一個村民一整年的收入——還有桌子、腳踏車、洗衣機。這些物品通常由十名兼職執法人員（通常是「年輕力壯的小夥子」）組成的小隊收走並賣掉，所得歸鄉政府。對黃村長來說，這些舉動並不算脅迫行為。他稱之為「勸說」。

黃村長說，他做過最困難的工作之一就是勸婦女接受絕育手術。很多婦女都害怕動這種手術。大量出血等術後併發症並不罕見，尤其是有些手術的過程就像生產線工作一樣簡單粗暴，的確容易出問題。黃村長說，村裡的婦女曾經嘗試討價還價。有些人要求使用阻隔避孕措施代替手術，有些人則承諾不會生超過兩個孩子。「但我的工作就是讓大家動手術，不然我就達不到目標了，」黃村長說。「空口無憑，我實在無法保證她們就真的不會再生孩子。」

中國特別偏愛絕育，因為靠絕育來降低生育率是幾乎萬無一失的做法。而其他非永久性的屏障避孕措施如保險套、口服避孕藥和子宮內避孕器等，都是個人可以選擇和控制的，所以沒有那麼可靠[3]，儘管當時使用的子宮內避孕器——無尼龍線的不銹鋼環——已經過特殊改造，婦女無法自行取出。光是一九八三這一年，中國就有二千多萬人接受絕育手術，比美國三大城市紐約、洛杉磯和芝加哥的總人口還要多。[4]

如今，黃家鋪已經不再進行強制絕育。這種措施沒有必要，因為這個小村子的人口在一九八三年達到近六百人的顛峰後就處於減少狀態。二〇〇八年，黃家鋪小學被迫與另一所小學合併，因為只有七名學生，而在一九八〇年代則有五十名。黃村長說，這有部分是因為工人移居城市，但主要還是因為家庭規模愈來愈小。

在我採訪翼城計生官員的過程中，很多人都表示他們會安慰自己說他們是在履行自己的責任、執行重要的國家指令。我覺得，這些話有部分只是說好聽的，是在為這份一定是全中國最不受歡迎的工作辯解。堅信這個制度的人似乎寥寥無幾。我採訪車月蓮的時候，這種感覺非常強烈。車月蓮是翼城另一個村子西賀水的醫生兼計生官員。

車月蓮自一九七〇年代起就從事計劃生育工作。早期的時候，她的工作主要是教導村民避孕方法和鼓勵大家少生孩子。許多家庭對一個活潑俏麗的二十三歲女孩建議他們絕育和墮胎，感到不以為然。「他們說：『我們會很感激你來幫我們接生。但是你一個小姑娘來叫我們不要生孩子，這哪行。你還是少管閒事吧。』」她說。

現在年近古稀的車月蓮還在村裡的衛生所工作。衛生所是一座小四合院，椽子上掛滿了曬乾的玉米。在幫一個年長的病人注射點滴後，身形矮胖、膚色黝黑、眼神銳利的月蓮，坐下來點了一根菸。在接下來艱難的對話中，她又吸了很多根菸。她言辭閃爍，面色十分不悅，顯然不喜歡我的問題。

她和黃村長一樣，不斷稱自己的工作為「勸說」。我問她是否曾經勸說過懷孕後期的孕婦墮胎。月蓮起初說這是非法的，然後又說自己沒有這樣做過。後來卻回想起自己曾經勸說一個已經懷孕六個月的孕婦墮胎。「她自己都不知道已經懷孕六個月了，但我一眼就能看出來，」她得意洋洋地說。

第一個被她成功勸說的人，是一個已經有兩個女兒的二十七歲媽媽。這名女子想動手術，但是害怕公婆不同意。月蓮陪著她偷偷去動了手術，然後騎腳踏車載她回家。她費盡苦心的結果，是被這名女子的家人咒罵。「她婆婆罵我說：『你家沒有兒子是你的事，可是我想要個孫子來傳宗接代。』」就連月蓮自己的父母也大罵她一頓。「但是我說，儘管這工作麻煩，也總要有人來做。當時大家都重男輕女，還說如果沒有兒子，死了都沒人埋。」

面對計劃生育的規定，即使是親戚也不能網開一面。月蓮外甥的妻子二十二歲就懷孕了，比法定的頭胎生育年齡還早兩年。月蓮叫她去墮胎。「我跟她說，你要給別的婦女做榜樣。大家都看著我們呢。」

在跟月蓮的交談中，我得知她自己生了四個女兒一個兒子，這令我很驚訝。當然，她的兒子出生於一九七八年，是老么，那時一胎化政策還沒開始。但是月蓮多年來的工作就是鼓勵大家少生孩子、勸大家不要重男輕女。她要如何解釋自己的言行不一？

起初她無視我這個問題。「我的情況比較特殊，」她最終開口了，邊說邊掐滅她的第五根菸。「我的養父母身體不好，我也是。他們沒有生過孩子，所以我想生個兒子，以後他就能照顧我和我的父母。我也曾經試過上環，但是那讓我嚴重出血。」

兒子出生後，月蓮終於做了她多年來都在勸別人做的事情。她做了輸卵管結紮。

二

我愈是仔細研究人口警察的運作方式，就愈覺得他們骯髒。

一九八〇年一胎化政策開辦時，大家都知道實施如此強烈不受歡迎的政策會很艱難。起初，政策的執行在全國各地標準不一。在部分地區，沒有准生證的孕婦被銬上手銬，進行強制墮胎。[5]而在另一些地區，官員對中央政府的這些限制視而不見，或者僅僅是嘴上說說，並未採取實際行動。

其他的全國性規定暗中弱化一胎化政策的目標，也無助於政策執行。同樣於一九八〇年開始執行的新婚姻法將法定結婚年齡降低為女性二十歲，男性二十二歲。這本來是為了打擊非法童婚和性犯罪，但同時也鼓勵了更多人結婚，進而帶來更多嬰兒。推動農業去集體化，同樣也削弱了政府推行一胎化政策的努力。在集體制度下，工資、配給和其他福利都由村幹部分發，不良行為（例如超生）可以直接由村幹部進行懲處。新的改革放鬆了官員對農民生計的控制。

到了一九八四年，全國統一的實施方式已經人心盡失，導致中央政府不得不將一胎化政策的一大部分決定權下放到地方。在人口學者所稱的「七號文件」中，政府傳達了新的條款。七號文件給予各省更多權力，可以根據地方實際情況調整一胎化政策。

這是後來大量特殊條款的開端，使得中國境內的人民對這項政策只能有極其大略的認識，中國以外的人就更別提了，因為各地的狀況實在大不相同。舉個例子，很多農村居民如果第一胎是女兒，就可以生第二胎，這實際上是默認了鄉下盛行的重男輕女思想。西藏和雲南有大量少數民族，當地的政策就比四川和河南這樣的人口大省寬鬆很多。

七號文件的目的是減輕地方政府執行政策時的難度，而不是讓百姓的生活變輕鬆。政府把這個手法稱為「開小洞補大溝」，用小的讓步確保整體的服從。

七號文件並未解決體制內部缺乏透明度和責任歸屬的問題。地方官員在決定要對違規者開罰多少錢時有極大的自由度。金額可能是一個家庭年收入的兩倍到十倍不等。人民無法提前計算應繳金額，而在相似情況違規的兩家人，要繳的罰款金額可能有天壤之別。二〇一〇年，一名計生官員對一個違規者徵收了五百萬人民幣的罰款。當地媒體報導，當事人提出抗議時，這名官員據稱還提高了罰款金額，並且揚言說：「你就是砧板上任我宰割的一塊肉。」[6]

實質上，中央政府傳達給各省的訊息是：「達到你們的生育指標；我們不管你們用什麼方法。」他們也希望各省自行籌措計劃生育大部分的資金。這造就了一個引誘人貪腐的體制。

雖然馮建梅被強制引產的驚人故事在二〇一二年撼動全國，卻沒有一名涉入的計生官員因此被判刑，儘管他們觸犯了多條法律。我問前國家計生委高官張二力為什麼會這樣，他向我解釋說，國家計生委無權處置地方計生官員。「我們只能調查他們，並將調查結果報告給省級領導。有權懲罰或開除涉案官員的是他們，不是我們。」

多數基層計生官員告訴我，大家心裡都明白自己無論做了什麼，都不需要負擔刑事責任，因為維持計生指標才是首要任務。

「只要能控制住限額，我們做什麼都行：毀壞房子和財物、抓人去坐牢，甚至威脅把孩子沒收，都沒有人會說話，」四川一個前縣級官員告訴我。（後來我得知，另一個省的官員真的把孩子沒收，在第八章我會詳談。）

中國領導階層內部貫穿大半個一九八〇年代的激烈爭鬥，更讓混亂加劇。思想開明的領導傾向實行較為人道的二胎政策，強硬派則極力主張維持現狀，兩派爭論不休。

一九八八年，國家人口和計劃生育委員會的一份通知提到「計劃生育出現危機」。[7] 並且大略敘述了一些問題，例如工作過勞的計生人員遭攻擊的事件增加。貪腐也是一個問題，很多省分在報告中造假。政府逐漸瞭解到，二〇〇〇年人口數量要控制在十二億之內的目標根本無法實現，因為在一九八八年，八〇%的省分都已經超出了人口控制指標。[8]

一九八九年在天安門的學生示威和隨後的無情鎮壓，顯示強硬派獲得勝利。領導階層中，曾支持在翼城試辦二胎政策的趙紫陽等遭到肅清。政府對生育指標的立場沒有任何軟化。

一九九〇年，中央政府設立了一個全國性的問責機制。這個名為「一票否決」的機制將計劃生育指標確立為所有省領導的主要工作之一。官員——不光是計生專家，還有一般行政人員——只要未能達到轄區的生育指標，就要面臨減薪、降職、甚至免職的處分。即使官員達到了其他方面的工作指標，也於事無補。未能達到生育指標的汙點，會染黑他們其他所有的成績。

「一票否決」成了中央政府拿在各省官員頭上的棍子，這刺激他們採取更嚴厲的措施。有些省分為了保險起見，還把生育指標定得更緊。一名官員告訴我，他們有時會收到一些荒謬的命令，像是「接下來一百天不許有新生兒」，而他們也不得不執行這種命令。罰款金額提高了，而且不再僅是針對超生。女性非婚同居要罰款；不採取避孕措施，即使沒有懷孕也要罰款；只是沒去做定期產檢也要罰款。在江蘇，婦女每個月都有兩次要排隊驗孕，而且要在眾目睽睽之下尿在杯子裡。[9]人口警察執行任務時毫不手軟，他們的方法也有成效。

三

真正為我具體解釋人口警察工作內容的，是一名超過十五年前逃到美國的中階計生官員。一九八九年，高女士在美國國會一場聽證會上作證，提供了大量文件、影片和照片；這些資料詳細披露了計生工作在她的轄區，即中國福建省永和鎮的內部運作情形。她揭發了一個充滿強迫手段的體制，這些手段從拘捕反抗者及其親屬到毀壞他人財產，以及在懷孕後期實施強制墮胎，全都包含在內。

高女士向我描述，她曾經告發一個已有九個月身孕但沒有准生證的婦女。「在手術室裡，我看見孩子的嘴唇在動，手腳也都在動。醫生把毒藥打進孩子的腦部，然後孩子就死了，被扔進垃圾桶。」[10]

高女士現在住在美國西海岸一處市郊。她答應見我，前提是我保證不洩露她住在哪裡，因為鄰居並不知道她的過往。

她說，在她作證之後，她的一些同事和親戚遭到毆打和逮捕。她宣稱有一個同事被活活打死，另一個遭到性侵。我無法獨立驗證這些說法的真實性。她作證之後不久，中國國營的新華社便發布報導，指出高女士和她丈夫拖欠貸款，並且因涉嫌詐騙遭到通緝。[11]

高女士堅稱這些罪名都是羅織出來的。「如果我那麼有錢，為什麼現在日子過得這麼苦？我現在是人家的傭人，雙手已經提不起重物了。」她說。

萬聖節剛過，這個曾經說自己是「惡魔」的女人告訴我她發糖果給鄰居孩子的事。她愉快地說：「他們一整個晚上都不停地按門鈴呢。」

高女士的住家有兩層樓，屋裡貼有卡通海報，牆上掛著中國結。最顯眼的地方擺著一張很大的人造皮革按摩椅，旁邊的《獅子王》海報上寫著那句經典臺詞「Hakuna Matata」——

不要擔心，沒有問題。

這與當年她關押別人的冷僻牢房相去甚遠。被她關押的人大多是超生孕婦的親戚；高女士會把他們關起來，逼那些婦女去自首。她說，關押她們年邁的父母是最管用的，「很少有人想到老母親因為自己而關在牢裡，還能不為所動。」這些人會被關押在計劃生育辦公室旁的「黑監獄」裡，一天要收取六塊錢人民幣的伙食費。他們不能打電話，也不能寄信，有時候一關就是幾個月。

高女士還講述了計生官員的一種工資獎勵，獎勵多寡由他們達成的絕育和墮胎手術數量決定。獎金最多可以達到他們底薪的一半，而他們的底薪並不高。「所以大家才特別熱衷抓人。你抓的人愈多，拿的獎金就愈多。」她說。（我在中國其他地方採訪過的官員也曾描述過類似的獎金系統。）連醫生也很樂意多做墮胎手術來增加獎金。高女士聲稱：「有的女孩子根本沒有懷孕，也被迫動了手術。」

這樣的體制一定有賄賂的可能吧？高女士說有，但宣稱自己從未接受賄賂。有一種常見的賄賂形式是花錢請官員開一張證明，說明某人沒有懷孕。離開永和鎮去外地旅行或工作的人都需要這張證明。由於官員有權決定罰款金額，所以私吞部分罰款或收了錢卻不開收據，都是常有的事。高女士記得她有個同事把一整本收據都「弄丟了」。

高女士在不斷講述一連串恐怖故事時，反覆強調自己別無選擇、只是在履行自己的職責。當時她盡力把工作和生活區分開來。在工作上，「我白天是個惡魔」，而在個人生活上，她則是母親和妻子。但即使在家裡，她也無法完全從工作中逃開，因為她自己就違反了一胎化政策。女兒出生後，她偷偷收養了一個兒子。她把兒子藏在親戚家裡多年，從來不讓他公開叫她媽媽。

現在，高女士的家人和她一起住在美國。離開中國後，她又生了一個兒子，加深了她對美國的牽絆。但她依然覺得自己受到不公平的對待，而且她的居住權前景仍不明朗。她透過反墮胎說客的幫助來到美國；這些說客意圖敦促美國政府提供資金給聯合國人口基金，而高女士的證詞是他們遊說內容的一部分。作證之後，高女士向美國尋求政治庇護，但遭到拒絕，因為美國法律只提供政治庇護給遭到迫害的人。她在贊助人的幫助下取得在美國工作的權利，但是沒有綠卡或美國護照。她不太會說英語，所以只能做幫傭，也無法離開美國。她說，她甚至無法探望自己年邁病重的母親。

「到頭來，我努力做了正確的事。我一定要永遠被懲罰嗎？」她眼中含著淚。

她又對我講述自己出手救了三個新生兒當作贖罪的事。雖然這幾個嬰兒的母親被注射了懷孕晚期引產用的化學溶液，但他們出生時都還活著。「我偷偷把孩子包起來，交給孩子的父親。我叫他們把孩子放在包包裡，假裝包裡裝著東西，而不是嬰兒，還叫他們離開時不要打開包包，這樣才不會被發現。」高女士啜泣著說。

相對於這幾個活下來的孩子，高女士自己估計她要為大約一千五百個胎兒的死負責，其中有三分之一左右死於懷孕晚期。

四

高女士描述的強迫手段令人痛心，但這會不會只是一個與一般狀況相去甚遠的極端特例？這種策略有多普遍，又持續了多久？

至少到二十一世紀初，許多國際要角都選擇相信中國人遵守一胎化政策是出於自願，儘管指向反方的證據愈來愈多。一九八三年，史上頭兩枚專門對解決人口問題有「突出貢獻」的個人所設的聯合國人口獎章，頒給了英迪拉．甘地——因為她實施強制絕育——以及中國國家計劃生育委員會主任錢信忠。

就獎項來說，這跟頒發諾貝爾和平獎給前巴勒斯坦領袖阿拉法特（Yasser Arafat）很類似。聯合國人口基金至今還為這段歷史感到汗顏，但是前執行主任娜菲絲．薩迪克（Nafis Sadik）並未因此而拒絕接受中國政府在二〇〇二年頒給她的獎項。薩迪克博士說，她相信嚴苛執行一胎化政策的情況很罕見，而這在很大程度上要歸功於聯合國人口基金與北京的合作。[12] 因為一胎化政策的關係，美國政府對於要不要繼續捐助聯合國人口基金，態度一直搖擺不定。

與我私下交談過的前聯合國和其他非政府機構高層人員說，他們在背後致力於讓中國的計生人員轉變成比較以服務為導向的系統。我和他們談話的時候，北京似乎正在謹慎探索一些做法，其中包含一個讓計生執法人員轉任育兒諮詢師的試驗計畫。[13]但是，這樣的努力效果仍然有限。

從邏輯上講，只要一胎化政策繼續存在、生育限額和指標繼續實行，強制手段就會持續下去。就在二〇一〇年，廣東普寧市進行了一場接近萬人的絕育運動。[14]根據國際特赦組織的消息，被列為絕育目標的夫婦有將近一千四百名親屬遭到拘禁，以逼迫這些夫婦配合絕育。

然而，我認為這項濫權行為的本質已經離強制墮胎和絕育愈來愈遠，而是愈來愈偏向以收取高額罰款為目的。其中有部分是因為這些所謂的社會撫養費已經逐漸成為很多縣鄉的主要收入來源之一，特別是比較貧困的地區。過去十年，中國實施了土地稅改革，要求各省上繳稅收給財政部再重新分配。實際上，這意味等級較低的縣政府和鄉鎮政府幾乎失去了所有獨立收入來源。唯一的特例是超生罰款，這一項不需上繳給中央政府。記者上官敫明表示：「大家常說，如果要賺錢，『大城市靠土地，小城市靠計劃生育。』」[15]他詳盡記錄下湖南某小城計生官員的這種濫權行為。

二〇一三年，律師吳有水利用中國法律中一個與美國《資訊自由法》類似的條款，要求各省公開所徵收的社會撫養費金額。總額達到約二百億人民幣，但是吳有水說，這個金額幾乎可以肯定是低報了。

「那些數字肯定是假的。沒幾個真的。」吳有水說。各省拒絕說明這筆錢的具體用途，令他的說法更加可信；他也曾屢次要求這些資料，但迄今為止，沒有一個省提供出來。「社會撫養費」是一個相對較新的名稱，二〇〇〇年才被採用。在那之前，罰款被稱為「超生罰款」或「計劃外生育費」，但社會撫養費這個新名詞暗示了這筆要用來補助的對象，是社會上多餘的兒童。然而我採訪過的計生官員說，超生罰款——無論叫什麼名字——其實都花在維持辦公室和人事上，有時會花在娛樂開銷上，或者流入其他部門。要有詳細的帳目，幾乎是不可能的。

我在吳有水律師位於杭州市郊的辦公室與他碰面。在馬可孛羅的時代，杭州是全球人口最多的城市，現在則是許多科技公司總部的所在地，其中包括電商巨擘阿里巴巴。吳有水的事務所並沒有沾染到這道光彩。小小的辦公室和許多小型地產公司擠在同一層樓，其中一部分還掛著歇業的牌子。

吳有水個子瘦小，姿勢挺立，留著淡淡的小鬍子。他的個人歷史和中國的計劃生育之間，充滿各種糾葛。他記得青少年時期曾在回家的路上看見婦女遭到圍捕，好帶去做集體絕育。有的人奮力反抗，把當地官員的褲子都扯掉了。「她們說：『你要我絕育，我就要你絕子絕孫。』」吳有水回憶道。「不過她們最後還是都被強制絕育了。」

他是八個孩子——其中三人死於大饑荒時期——裡最小的，有一個哥哥的第四個孩子遭到強制墮胎，還有一個姊姊在計生部門工作。「她幫忙埋掉所有死去的嬰兒。」

信奉基督教的吳有水說，自己開始對社會撫養費的問題感興趣，是在去鄰省出差的時候。他注意到那裡很多人有三、四個孩子。當地人跟他說，主管單位其實鼓勵大家違規，這樣才能徵收更多罰款。

二〇一三年，隨著北京決定將計生委併入衛生部，吳有水相信計生委的權力已經開始衰退，於是便向各省提交要求公開資訊的申請。在那之後，他開始替想要挑戰一胎化政策的客戶提供免費服務。

吳有水承認，他的要求本質上是和特洛伊木馬有幾分相似的策略，目的是挑戰社會撫養費的問題，並且讓計劃生育政策的各種違法實施手段得到廣泛關注。他說自己的行為是為了「開啟計劃生育政策的討論空間」。「我透過這個請求，引發了大眾的疑問。這是一個開端。」

舉例來說，人口警察使用暴力或提倡懷孕晚期墮胎，嚴格來說是違法的。主管機關不讓超生的孩子報戶口也是違法的。但是官員說，沒有這樣的懲罰，就不可能執行一胎化政策。

過去三年當中，出現了很多在法律上挑戰一胎化政策的案例，這種事在之前幾乎聞所未聞。這些訴訟有大約三分之一是社會撫養費金額過高引起的，其餘案件則涉及無法報戶口的超生嬰兒，以及因為違反一胎化政策而失業的人。

大多數案件都被判定不受理，進不了法庭。但是二〇一三年的一個判決，讓眾多原告看到了一線希望。山東和江西兩省都裁定無論有沒有支付社會撫養費，都必須登記戶口。（這其實是重申原有的全國性規定，只是在此之前顯然不是每個人都遵守。）對北京和上海這種擁擠的大城市來說，這是很具爭議性的問題，因為大城市都急著限制使用其社會服務及資源的居民數量。（舉個例子，許多人夢寐以求的北京戶口，在黑市的價錢可高達六十五萬人民幣。）中國估計有一千三百萬人沒有戶口，多是因為違反了一胎化政策[16]；解決這個問題，將是主管機關未來好幾年的大難題。

吳有水說，他並不擔心自己的行為會導致官方反彈。我提醒他維權人士陳光誠的遭遇。二〇〇五年，陳光誠對所在城市的計劃生育人員提出集體訴訟，為他家鄉山東省的懷孕婦女遭到強制墮胎一事表達異議。失明的陳光誠因此坐牢，又在家中被軟禁數年，然後在二〇一二年戲劇性地逃到美國大使館。他現在住在美國，但他說自己在中國的家人仍然受到政府迫害。

吳有水認為，只要他謹慎選擇一些「安全」的話題，就可以避免和陳光誠一樣的命運；例如社會撫養費，這個話題一般來說非常不受歡迎，而且在他看來政治風險比墮胎問題小得多。他稱一胎化政策「違背人性、違反法律，而且沒有道理」，但他提到當時仍然勢力龐大的計劃生育機關時也補充說：「我需要想一些辦法，以不敏感的方式談這個問題，但是仍然引發討論。」

二〇一五年七月，北京對人權律師展開一波打壓，並以利用敏感議題及破壞社會穩定的罪名，拘禁了兩百多名律師及相關人等。[17]我撰寫本書時，吳有水仍是自由身，但他說自己面臨巨大的壓力，要他緩和自己依法提出的質疑。現在他說，「所有追求法治的人」都有危險。「因為從目前的情況來看，你永遠也無法斷定政府的底線在哪裡。此外，這條底線也不斷在變。」

五

關於人口警察的工作，我最難忘的一段討論來自一次偶然的談話，我就把和我談話的人稱為李叔吧。

李叔是我一個朋友的親戚，這個生意人自告奮勇，要載我們到鄰鎮去。他開著他的黑色奧迪車來接我們，年近五十的他身上是中國城市小康男性一致的裝束——馬球衫，衣領時髦地翻起、又大又重還有很多複雜轉盤的手錶、男用皮包。我稱讚他把車整理得很好，車上還有裝墨鏡的小袋子、面紙盒、礦泉水和小巧的弓形靠枕，然後我們就聊了起來。

原來在一九九四年，李叔大學畢業後的第一份工作是縣級行政人員。說起這段往事，他的話多了起來。由於「一票否決」的關係，達到人口指標不僅是他工作的一部分，還是最重要的一部分。

「如果他們繳不出罰款，我們就沒收他們家裡值錢的東西，但是那些東西始終不怎麼貴重，因為村民很窮，只有糧食或自家織的布這些東西，」他回想道。「有時候，我們會爬到他們的屋頂上打個洞，或者砸窗戶，證明我們是認真的。」他說。在他們這個省，一胎化政策執行很嚴格，所以罰款也很重。

我們停車吃午飯，李叔還繼續興高采烈地說著破壞財物、沒收和罰款分級的事。我不想打斷他，但心裡卻非常想問他這個大家都想知道的問題：你怎麼受得了自己天天這樣橫行霸道？

最終，我鼓起勇氣問道：「這工作肯定不好做吧，大家都不願意照你說的做。」

他突然沉默了。然後他說：「有一件事情，我永遠都忘不了。」

「那年我二十四歲，我們聽說有個婦女超生懷孕，躲進了鄰村。我們便準備要在晚上抓她。我組了一個六、七人的小隊，包圍她待的那棟房子。我們非常安靜，但是不知道為什麼，她一定聽見了聲音——也許是我們的說話聲吧——因為她跑走了。」

「她當時懷孕幾個月？」我問道。

「我也不知道，不過她肚子看起來很大。她跑呀跑，一直跑到一座池塘邊。然後她跑進池塘裡，水淹到脖子才停下來，」李叔用手劃過喉結。「她就站在那兒，開始大哭。」

他描述的畫面把我驚呆了。那個女人挺著大肚子，在黑暗中痛哭，官員在岸上像掠食者似地繞圈子。

「後來怎麼樣了？」

他移開目光。「拜託你等一下，」他說，輕鬆愉快的口氣消失了。

「她說了很多話。她說她得生這個孩子。如果她不生個兒子，她會永遠不得安寧。她的丈夫和婆婆永遠都不會好好對待她。」

他點起一根菸，清了清嗓子。

「最後，兩個女官員下水把她拖走了。」

我們都默不作聲。

「你一定經歷過很多類似的事，為什麼單單對這一次印象深刻？」我問道。

「也許是因為我當時很年輕吧。」他緩緩地說。「我覺得我們那樣做是錯的，可是我別無選擇。後來我被升職，離開了那裡。」

那天晚上，我因為被這個故事深深觸動而把它轉述給我以前的一個學生，當時我們約了一起喝酒。她在那個地區長大，現在在美國攻讀博士。我覺得這個故事很震撼，但她從小到大應該聽過很多類似的故事。

她聽完後，瞪大了眼睛望著我。

「可是你一定聽說過這樣的事情吧。你的同學呢？他們一定有人是農村來的，也該跟你說過這種事吧？」我驚訝地問她。

她對一胎化政策當然有大致的瞭解。可是這個故事實在太逼真，完全是另外一回事。「你要知道，」她說，「我上的是人民大學。要進人民大學，我必須上頂尖的高中，和頂尖的初中。那些地方，農村的孩子要進去並不容易。我的朋友和同學大多跟我一樣，屬於中產階級，是城市來的孩子。」

這讓我再一次想到，雖然有了網際網路，世界也愈來愈全球化，但許多中國人對近期歷史事件的認識可能還是很粗略。

美國國家廣播電臺記者林慕蓮在撰寫關於一九八九年天安門事件的著作時，走訪了四所中國的頂尖大學，並向學生展示著名的「坦克人」照片；那張一個人獨自擋住一列行進中坦克的照片，極具代表性。對西方人來說，那是天安門事件最容易辨認的影像之一。結果林慕蓮發現，一百個學生當中只有十五個認出那張照片。[18]

讓我感到諷刺的是，我學生這一代的人對於這個決定他們出生、並將持續影響他們人生的政策所知甚少。在他們聽來，李叔講的故事卻是發生在另一個國家的傳說。

5 小皇帝長大了

八〇後的到現在最大的才二十八歲，完全沒有任何的權勢，所以權利使用不當造成的後果再推卸到這代人身上是無辜的。自己的屁股沒擦乾淨是不能用下一代的胎毛來做草紙的。

——韓寒，〈這一代人〉

如果你從嬰兒時期就把孩子奉若神明，那麼他們成年後就會行如魔鬼。

——P．D．詹姆斯，《人類之子》（*The Children of Men*）

一

在中國任何公共場所最常見到的其中一種景象，就是一個步履蹣跚的幼兒四周圍著一群亂哄哄的大人。如你所料，這就是小皇帝；在中國，他們比熊貓還要寶貴，儘管繁殖量不像熊貓那麼稀少。

我很好奇：這個局面倒轉過來的時候，情形會如何？小皇帝長大後，必須六倍回報這份關注、從金字塔頂端掉到底部，到時候會怎樣？

一胎化政策修改時，中國九〇%以上的城市家庭都只有一個孩子。這意味將有一億以上的獨生子女[1]最終必須扶養年邁的父母、祖父母，並承受所有隨之而來的經濟和情感負擔——失智、癌症、骨質疏鬆症、髖部骨折——而中國剛剛起步的社會安全網只能提供有限的幫助。

二〇〇七年，我開始探索要從什麼角度報導這個問題。這並不容易，因為在一胎化政策下出生的孩子，當時最多才三十歲，父母也才五十幾歲，大部分都還很健康。我想寫的是還沒有發生的事。

我開始尋找雖然才二十幾歲，卻有一個病中父母的特殊人士。就這樣，我認識了小有名氣的劉霆。他出名的原因很奇特：他帶著母親去上大學。

「帶著母親上大學」，並不是說他真的帶著媽媽到課堂上。劉霆的母親患有腎臟疾病，需要人悉心照料。他父親是賭徒，由於不堪婚後多年的積怨而離家。劉霆要去另一個城市讀大學，母親陸永敏無人照顧，於是就帶著母親一起住到學校附近，這個角色反轉的動人行為，引起了全國稱許。

在其他國家，這可能不是什麼大事。但是中國自古就有報答父母的傳統。「孝順」這個詞翻譯成英語是filial piety——兒女對父母的尊敬，但這遠不能完整詮釋孝順的真正含意。現在仍會講給小孩聽的古代故事《二十四孝》，內容就是透過不同方式的自我犧牲來展現孝心。其中一些「典範」像是仲由百里負米以孝敬雙親；吳猛任由蚊子叮咬，好讓父母安眠；黔婁親嘗父親的糞便，以瞭解父親病況。這種關懷甚至延伸到配偶的父母身上；身分顯赫的唐夫人用自己的乳汁餵養牙齒脫落的婆婆。孝道的極致，在於把父母放在比孩子更高的位置；其中的道理是孩子可以再生，母親卻只有一個。

文革期間，孝道與其他家庭生活的基礎都深受打擊。毛澤東政府鼓勵孩子以破四「舊」——舊風俗、舊文化、舊習慣、舊思想——之名來反抗父母、打倒權威。有一個實例是，十六歲的張紅兵告發自己的母親汙損毛主席肖像。他的母親兩個月後遭到槍斃。數十年後，滿懷愧疚的張紅兵發表長篇懺悔文，說自己是「連畜生都不如」的兒子。[2]

二〇〇七年，共產黨領導階層面對經濟迅速發展帶來的改變以及他們自己一手造成的家庭結構瓦解，開始有所警惕並試圖復興傳統價值觀。他們採用的其中一個方法是設立一系列的全國道德模範獎，有點像是某種諾貝爾獎，受獎原因是具有高尚的價值觀：誠實、愛國，當然還有孝敬長輩。劉霆是第一屆得獎人，也是最年輕的得獎者之一。

獲選全國道德楷模，為這個二十幾歲的孤獨年輕人帶來他始料未及的名聲。書刊、報紙專文和連環漫畫裡都是他的故事。全國性播出的中央電視臺還播出一首特別為他創作的歌曲〈母親〉。有人為他寫了一齣舞臺劇。當地一名地產開發商讓劉霆住進一間豪華公寓，免收房租。他的母親也因為他全國道德模範的身分而獲贈一個腎；移植手術的費用則透過捐款募得。廣州的孝道文化廣場甚至有一座他的雕像，但他自己從未見過。

這名當代孝子典範是誰，他又如何為自己所屬的獨生子女世代發聲？他遇到的考驗和磨難，是否在某種程度上預示了未來的緊張局勢？

我去臨安見他，那座小城在上海西邊，車程大約四小時。劉霆身材瘦小，下巴尖細，皮膚細緻白皙，態度謙恭有禮。他一見到我就握住我的手，稱呼我「方姐」。我注意到他指甲剪得很短，只把拇指的指甲留長，特別突出。這種癖好在中國上了年紀的男人之間很常見，但是在他這個年齡的人當中很稀有。單指留長的指甲就像勞力士手錶或高檔手機，代表家境富裕和出身高貴，因為農民負擔不起保養這種指甲的費用。我問起他的指甲時，劉霆紅著臉把手藏到了背後。

劉霆收到的大量關注讓他十分吃驚。

他的生活在兼顧學業和看護中度過。他做的所有事情都因為需要照顧母親而受到限制；他母親患有尿毒症，常會感到疲勞和噁心。他早上六點起床，準備熱的綠豆稀飯當早餐，每天下課後還去傳統市場買新鮮食材，確保母親吃得有營養。我和他一起去過一次，看著他熟練地穿過人群去買蔥和豆腐，小販嫻熟地把和桌子一樣大、還會抖動的豆腐切下一塊給他。當時，像沃爾瑪超市和在中國模仿它的物美超市這種大型超市，連在臨安這樣的小地方都開了分店，但是向來精打細算的劉霆，極少去那些冷氣開放的舒適堡壘購物。

「在傳統市場購物不一定愉快，」他一邊說，一邊小心翼翼地繞過一整桶活青蛙。「卻能買到最新鮮、最便宜的東西。」他把眼光從牆角移開，那裡有一隻狗在顫抖，牠的腳和口鼻都被綁住，難逃成為盤中飧的命運。

中國的傳統市場，跟西方那種提供乳酪試吃且銷售有機橄欖油的斯文農民市集完全不同。到處都能見到漫不經心的殘忍實例：魚販從水桶裡挑出一條滑溜溜的鰻魚，為你用大棍子猛敲牠的頭。剛宰殺的雞的鮮血和內臟潑灑在地上。小販穿著膠靴到處踩踏，像跳土風舞一樣輕快，手臂上還套著花花綠綠的袖套。在傳統市場幾乎什麼都買得到：蹄膀、鮮花、手擀麵條、線香、印有Hello Kitty圖案的內褲，還有像鞭子那樣用來教訓小孩或寵物的藤條。

在市場裡，我一路都看到別人對劉霆側目而視，這就是小城名人的命運。臨安的人口只有五萬，按中國的標準而言算少。（即使到了二〇一三年，這座小城依然無足輕重得連在中國的北斗衛星定位系統上都找不到。）在這樣一個小地方，劉霆的名聲讓他備受矚目。他不能走錯一步。買東西的時候，他頻頻點頭致意，禮貌地回答關於母親的身體、他的學業，以及他有沒有女朋友的問題。擠上滿滿都是人的公車後，劉霆說：「我有時候當然也想要隨便一點，但我不能這樣。人人都看著我。」回到家後，他匆忙做了晚餐：蒸魚、熱湯、米飯。飯後他洗了碗、每晚例行幫母親按背揉腳，最後才做作業。

劉霆最歡樂的回憶是大學的頭六個月，那時他還沒有照顧家人的負擔。他住在宿舍，參加聚會，沉浸在自己喜愛的攝影、藝術和戲劇中。後來母親必須換腎才能活命的消息傳來，但他們付不起手術費。劉霆於是搬出宿舍，住進一間破舊的公寓。他靠自己的助學貸款支付母親的醫療費用，還在學校裡當兼職工友。

一名地方記者聽說劉霆的困境後，寫下那篇改變他人生的報導。第二天，學校的電話就被想要捐款的讀者打爆了。一個英雄就此誕生。

二

中國在一九八〇年代開始實施一胎化政策時，大家最想知道的問題之一就是一個由獨生子女——外號「小皇帝」——組成的世代，是否意味國家會充滿被過度縱容與寵溺的孩子。如果是的話，這對中國的意義為何？

一九九二年，這個國家最大的擔憂似乎在一項備受爭議的著名研究裡成真了。這項由中國青少年研究中心副主任孫雲曉主持的研究，調查了一群在內蒙古露營的中國及日本兒童，結果將中國兒童描述為愛發牢騷跟愛抱怨。[3]中國的孩子與日本兒童不同，他們不知道如何分配或烹調食物，都要大人幫他們做飯。孫雲曉說，父母的情況並沒有比較好——中國父母只要孩子需要協助，都會立刻趕去幫忙，而日本父母則會克制自己，讓孩子學習獨立。

這項研究被批評並不科學，但是卻留下長久的陰影。我在南加州大學（這是中國籍學生比例最高的美國大學）教書時，我的中國學生幾乎人人都知道這個實驗，爭論得也很熱烈。他們並不覺得自己自私或自戀的程度超出常態，但他們確實承認沒有兄弟姊妹的一個重要好處：若非如此，他們的父母就負擔不起南加大的高昂學費。

在那之後，出現了許多審視中國的獨生子女現象的嚴謹研究，而研究結果很不一致。

儘管有些研究支持小皇帝假說——中國的獨生子女大多比較自我中心[4]、生活技能較差、自制力較弱[5]——但也有許多研究指出，獨生子女和非獨生子女並沒有顯著的差異。有的研究顯示，這些反社會的差異會隨著獨生子女透過學校和其他體制社會化而逐漸消失。有的研究則顯示，中國的獨生子女在學業成績和社交能力上比非獨生子女更具優勢。[6]中國的國家社會科學基金於二〇〇七年進行了一項涵蓋八萬五千名兒童的大型研究；其中一次比較獨生子女與非獨生子女的調查，結論只有獨生子女通常體重較重、身高較高、視力較差。[7]與有兄弟姊妹的孩子相較，中國的小皇帝乍看之下沒有什麼不同。但是和其他年齡層相比，中國的獨生世代卻展現出顯著的差異。

二〇一二年，一群以麗莎・卡麥隆（Lisa Cameron）為首的經濟學家招募了四百多名分屬兩個不同群組的受試者，第一個群組的成員出生於一胎化政策實施前的一九七五年到一九七八年，第二組則出生於一九八〇年之後。實施一胎化之前出生的受試者中，半數以上至少有一個兄弟姊妹。所謂的「小皇帝」那組則僅有十五％的人有兄弟姊妹。

受試者接受測驗和玩遊戲以衡量其人格特質，包括外向性、友善性和消極性。兩個群組之間的對比很驚人。在一個由參與者決定如何分配一大筆錢的遊戲中，小皇帝世代沒有另一組那麼慷慨。另一個遊戲測驗參與者願意依靠他人的程度，遊戲中的小皇帝比較不信任別人，自己的可靠度也較低。在測試風險承擔能力的遊戲中，他們比較偏愛做有把握的事，而不是高風險、高收益的事情。

小皇帝也比較悲觀。被問到隔天是晴天的機率時，小皇帝組傾向預料是陰天。在一個測試參與者競爭意願的遊戲中，小皇帝組面對競爭時也比較容易退縮。

雖然四百二十一人的樣本數相對來說很小，但是這項研究比其他針對小皇帝的研究還要突出，因為它並不是以行為調查為基礎，也沒有對獨生子女與非獨生子女進行比較。它改用較新的賽局理論概念來觀察行為模式的差異。由於卡麥隆等人比較的群組，年齡只相差幾歲——兩組之間大多數的社會經濟條件相似——所以研究結果顯示，小皇帝世代的行為差異是家庭結構造成的。[8]

麗莎．卡麥隆在提出研究結果時承認：「用負面的說法將一個世代的人貶為較不願信任別人和較神經質，確實讓我感到不安。」

中國小皇帝認為自己運氣差、壓力大的消息，可能會讓其他人訝異。他們是中國近代史上最富裕的一代。他們有別於自己的祖父母和父母，不需要經歷文革的動盪或一九五〇年代的大饑荒。在一胎化政策實施後的三十年裡，大家渴望擁有的東西已經從簡單的「三轉一響」——腳踏車、縫紉機、手錶和收音機——蛻變成擁有私人住宅、汽車和大學文憑。小皇帝和他們的父母不同，這個世代除了飛速的經濟成長以外，什麼都沒有經歷過。

我跟劉霆，還有他的母親永敏一起在他們家的公寓住了兩天。劉霆拿到的道德模範獎，讓他可以在這間兩房公寓免費住到大學畢業。社區有保全和造景，有一條漂亮的人造小溪，梅樹上花開正盛。我們翻看著老照片：他母親年輕的時候，柔軟的雙唇微張，面容純真；已經離家的父親穿著花俏的格紋休閒西裝外套，留著精心造型過的爆炸頭；還有劉霆的校園團體照。每年都是一大群男孩跟為數不多的女孩。大家都穿著寬鬆的運動服，幾乎男女莫辨。

翻到一張劉霆穿著黃袍的沙龍照時，我們停了下來。「我從來都不是小皇帝，」他用強調的語氣說道。

永敏的身體虛弱，劉霆對她呵護備至。他記得自己十歲的時候，非常罕見地跟母親吵了一架，吵架的原因他早就忘了。永敏當時說：「我養了你十年，你敢不聽我的話？」劉霆回嘴說：「父母養孩子十年很正常。等我長大了，我會照顧你。」

三

二〇〇五年，學者鍾梅研究了一系列由獨生子女書寫的信件。[9]這些都是電臺談話節目主持人陳丹燕收到的來信，她將這些信出版成書，書名為《獨生子女宣言》。鍾梅分析這些信件並將其分類；這些類別分別透露出寫信的孩子感受最深的是生活充滿壓力、受到父母過度關愛，或是孤獨。「整體看來，他們的文字都有一種憂鬱的語氣。壓力和焦慮是一個重要的主題。」鍾梅寫道。

孩子對父母為他們做的巨大犧牲表示尷尬和愧疚。一個父親為了幫孩子籌大學學費，提出要去賣血。另一對父母每個週末都會做豐盛的飯菜給從學校返家的女兒享用，自己接下來一週都只吃剩菜。一個十幾歲的孩子描述說，自己的母親每天上班前都會穿過整座城市到他的宿舍，只為幫他送早餐和整理床鋪。「沒過多久，我的室友都很不樂意，因為他們不習慣早上起床的時候房間裡有個女人。此外，我的室友，後來還有我全部的同學為我取了個綽號叫『寶貝兒』，而且還叫得像我媽在叫我的時候一樣，把尾音拖得很長。」[10]

這樣的犧牲背後伴隨著父母的巨大期望。鍾梅說，獨生子女世代有很多父母因文革而被剝奪了受教育的機會，或者教育因此中斷。「他們覺得自己的夢想被毀了，而他們的獨生子女是實現那些夢想唯一的希望。有一股迫切感讓他們督促孩子走向成功，而且各方面都要成功。」

一個孩子寫道：「我們這一代獨生子女都很有自我意識。由於歷史因素，我們必須承擔父母所有的目標和他們愈來愈大的夢想。與上一代人相比，我們沒有獨立自主的未來，而是只能重新走上父母沒走完的路；我們為此而生存和奮鬥。」[11]小皇帝世代將自己稱為「三明治一代」，還有「苦逼」。

「苦逼」結合了「痛苦」與「逼迫」，是用來自嘲的網路用語。年輕人用它來表示「爛透了」的意思：「我要趕期末報告；我的日子太苦逼了。」

我以前的一個學生說，小皇帝世代會覺得苦逼，是因為跟出生於一九七〇年代和一九九〇年代的人比起來，他們沒能充分享受中國經濟成長帶來的好處，卻要承受經濟發展引起的衝擊。

他們太年輕，無法從民營企業擴張與房地產市場私有化當中獲益，卻要應付中國主要市場飛漲的房地產價格。

他們還經歷了中國高等教育的擴招；這項政策導致畢業生大量湧入就業市場，並創下極高的失業率。一九七七年文革結束時，中國大學招生名額只有二十七萬個。現在每年則有七百萬名畢業生湧入市場。

於是中國的百度網站上有這麼一段話：「當我們讀小學的時候，讀大學不要錢；當我們讀大學的時候，讀小學不要錢。我們還沒能工作的時候，工作是分配的；我們可以工作的時候，撞得頭破血流才能勉強找份餓不死人的工作。」雖然獨生子女世代的生活比以前任何一代都要好，他們卻要在殘酷的市場經濟下競爭。但他們的期待都是父母養成的，而這些父母都來自保證一輩子都有工作的背景。我懷疑，這種期待上的分歧，就是獨生子女抑鬱的根源。

另一個原因就是社會流動的限制愈來愈多。一九九〇年代末期，我剛開始撰寫關於中國的報導時，社會上有一種霍瑞修．愛爾傑（Horatio Alger）小說般的氣氛，覺得只要你努力工作、頭腦夠聰明，就能夠出人頭地。大家都可以向家電零售業的億萬富翁黃光裕看齊，他從原本的鄉下窮小子一躍成為中國首富。

十年過後，大環境已經徹底改變。黃光裕因行賄和內線交易被判處有期徒刑十四年，目前正在服刑，其他一些缺乏有力政治靠山的新人億萬富豪也鋃鐺入獄。貧富差距大到中國曾有多年停止公布用來衡量所得差異的吉尼系數。(二〇一三年,中國恢復公布吉尼系數,但是官方數字遭到諸多質疑。)僅僅過了十年,那種機會無限的感覺似乎大大減弱了。

獨生子女世代中,對此感受最深的莫過於那些沒有幸運出生在中國主要城市的孩子。畢業後,他們為了找工作而來到這些地方,但是他們老家不在城裡,又沒有大城市的人脈,只能暫住在狹窄的出租房間,自來水或暖氣等生活設施非常少。二〇〇九年,北京大學社會學家廉思創造了「蟻族」一詞,描述這些工作過勞、報酬過低的畢業生。[12]

然而在光譜的另一端,雇主也會抱怨小皇帝在非常高的期望下成長,並不是很好的員工。[13]有些雇主在求才廣告中明確表示偏好非獨生子女應徵。中國第二大的國營建設公司「中國鐵建」就曾在徵才廣告中聲明:「來自農村的非獨生子女大學畢業生優先。

南京《金陵晚報》曾經引用一名人力資源經理的話說:「我們不招兩種人:有錢人的孩子,以及獨子。」[14]河南一家地質調查公司的員工說,身為獨生子女的員工很快就會抱怨工作太辛苦並辭職。此外,獨生子女的父母對工作出差表達反對的速度更快。

另一個與小皇帝世代有關的稱號——專門稱呼這個世代的男性——叫做「屌絲」,這是用男性生殖器比喻「失敗者」的粗話。[15]《華爾街日報》記者李肇華指出,這個詞被低薪上班族用來「對自己黯淡無光的前途表現出一種帶著反諷的自豪」。屌絲很快就為多數人所接受,入口網站「搜狐」還播出了一部叫做《屌絲男士》的線上喜劇節目。這部劇自二〇一二年首播後，已經有超過十五億人次觀看。[16]這個詞以及它所代表的一切愈來愈流行，令共產黨感到擔憂，於是共產黨在其頭號喉舌《人民日報》的社論中呼籲民眾停止使用它。這篇名為〈自我矮化可以休矣〉的文章指出：「它對青年精神的破壞力不可不察。」[17]

我後來一直沒有為《華爾街日報》撰寫劉霆的故事。謙和忍耐的故事沒有辦法登上需要戲劇性內容的頭版，出現的是其他新聞。然而二〇〇八年，我在鳥巢的奧運開幕式上再度遇見劉霆。他戴著全國道德模範的獎牌在拍照。「方姊，見到你真好！」他笑容滿面。我們一起照了張相。我在心中思忖，當晚場內所有建設國家的象徵及符號中，劉霆可能是最具代表性的之一。

「你應該代表中國上場，」我開玩笑說。

他咯咯地笑起來：「我想國家還沒準備好。」

四

奧運會結束一年後，我離開了北京，搬到加州。我在加州認識了遊戲開發者陳星漢。三十出頭的他有張娃娃臉，在遊戲業界是備受崇拜的人物。

陳星漢以創作思慮周詳、設計華麗的遊戲聞名。他的遊戲和一般遊戲打打殺殺的情節相去甚遠，比較像電影，意在激起懷舊與敬畏等複雜的情感，而不是腎上腺素飆高的純粹快感。陳星漢經常被人拿來和日本動畫大師宮崎駿相比，他設計的一款遊戲在史密森尼學會常態展出，《麻省理工科技評論》（*MIT Technology Review*）則將他列為全球頂尖的青年創新者之一。

儘管少年得志，身為獨生子女的陳星漢還是說自己為了不辜負雙親的期望，一直處在壓力下。他說，在中國傳統家庭中，每一個兒女都有自己的角色要扮演。「身為獨生子，意味我必須扮演所有的角色。我不能失敗，因為我家就靠我了。」

陳星漢的父親是公務員，雖然出身貧寒，但是靠著努力不懈而進到中國最頂尖的北京大學。他第一次帶孩子去北京旅遊的時候，沒有去長城這類典型的觀光景點，而是去了北大和清華大學，這就像帶一個美國小孩去參觀哈佛大學和麻省理工學院一樣。陳星漢回憶說：「我們只去了那兩個地方。」

陳星漢十四歲那年，他父親意識到網際網路革命即將到來，於是買了一臺電腦給他。在一九九〇年代中期的中國，這是一筆很大的投資，等同於買一把史特拉底瓦里小提琴給一個剛開始學琴的孩子。「當時沒人有電腦。」陳星漢說。父母希望能激發他對電腦程式的興趣，但是十幾歲的他只想玩電腦遊戲。

對陳星漢來說，玩電腦遊戲是逃避學業的好方法；學業在他口中，宛如一場激烈的校園版《饑餓遊戲》。當時他不僅就讀上海最好的高中之一，讀的還是資優班。他說，上海市「每一個冠軍和獎牌得主」都在那個班裡。每個學期，成績最差的學生會被淘汰，送到普通班。他們被視為「失敗者」。每到學期末，陳星漢就會打聽同學的成績，計算自己被淘汰的可能性。他幾乎沒有朋友。

他的父母希望引導他從事安穩順遂的工作，進入微軟之類的著名公司。然而陳星漢卻渴望創作出像《仙劍奇俠傳》那樣的遊戲，那是第一個讓他流淚的遊戲。「沒人會想到電玩遊戲還能讓你學會關懷，讓你談論犧牲與愛。」他說。但是如果對父母說自己想成為遊戲設計師，會「很像在告訴他們我要當色情片導演」。

畢業後，陳星漢到南加大讀研究所，他是該校第一批主修遊戲設計的學生。他為了參加一場學生競賽而設計了一款名為《雲》的遊戲，玩家在遊戲中可以模擬一個生病住院的孩子——患有氣喘的陳星漢自己就經歷過許多這樣的日子——望著窗外，幻想著飛翔會是什麼情形。下載這款遊戲的人多到讓南加大的網站癱瘓，還登上了地方新聞。

「大多數遊戲都是關於原始的情緒，例如暴力和競爭，」他說。成長過程中，他會喜歡這些遊戲是因為在父母和學業壓力令他感到無助的時候，遊戲給了他掌控的權力。「但是現在我長大了，想要一些更需要動腦、和生活更有關的內容。」

陳星漢最後在加州聖塔莫尼卡成立了一家小工作室，並和索尼公司簽下三款遊戲的設計合約。他花了幾年時間開發出《風之旅人》（*Journey*），遊戲描繪一個無名旅人穿越荒蕪大地的孤獨朝聖之旅。索尼高層原以為該遊戲只需一年便可完成，追求完美的陳星漢卻花了三年。在這段過程中，陳星漢的公司資金用完了，他不得不解雇大部分員工，留下來的員工薪水也被迫減半。《風之旅人》最終名利雙收，贏得了在遊戲業界相當於奧斯卡金像獎的D.I.C.E獎眾多獎項，也成為索尼最暢銷的PlayStation遊戲之一。

即便如此，陳星漢依然覺得自己違背主流的選擇讓父母擔憂。他不像某些同輩的人，並沒有在中國蓬勃發展的網路市場大賺一筆，而是進到極不穩定的娛樂世界。

「亞洲孩子只能做三種工作：律師、醫生和工程師，」陳星漢譏諷地說，還用手做出逐個打勾的動作。不過，這種狹隘的觀點在中國是可以理解的。在那裡，「你的養老保險就是孩子。如果你是獨生子女，你的父母就會想確保他們投資在對的地方。」他說。

幾年後，陳星漢的母親在上海動了青光眼手術。手術並不成功，所以他把母親帶到美國接受矯正。陳母的保險不包含中國以外的醫療費用，所以手術最後花掉了陳星漢一半的積蓄。

二〇一四年底，他結婚了。新娘在中國出生，但是在夏威夷長大，也是獨生子女。雖然陳星漢夫婦對獨生子女要承受的負擔有所顧慮，但他們還是很可能成為第二代獨生子女家庭。「我覺得我不敢生超過一個孩子，我連父母都只能勉強照顧到。」陳星漢說。

第一次見到陳星漢時，我在南加大安娜堡傳播學院教一門課，課程內容是為研究生在亞洲的暑期工作做準備。儘管課程名為「全球新聞學」，但是半數學生攻讀的都是公共關係碩士學位。

開始上課前，我會讓每個人先談談自己的事業目標：「五年後，我希望我是……」我的中國學生大多是女生、也大多是公共關係學生，他們說的內容都一成不變：五年後，她們希望自己是企業內部的公關人員。這些近乎完全一致的答案讓我很困惑。為什麼是企業內部的公關？為什麼不是在公關公司？為什麼不自己創業？我已經習慣二十幾歲的年輕人所擁有的高昂自信，他們閃閃發光的嶄新稜角還沒有被苛刻的上司、不可能完成的截止日期，還有會把人壓垮的房貸磨去。

她們告訴我：五年後她們很可能已經結婚生子了。當企業內部的公關，上班時間和日常工作都比較穩定，做起來比較輕鬆。

這些回答讓我想知道，一般人對小皇帝的成見是否有幾分真實。我並不認為中國的獨生子女世代相較於其他世代的人有特別被寵壞。然而我確實猜想他們在期望的重擔下撐得很辛苦。這不僅是因為他們很多人是獨生子女，也因為中國的迅速轉變和社會結構使他們在本該大膽嘗試新事物的年齡，提早窄化了視野。一般人會刻板地與獨生子女聯想在一起的問題，其中有一些似乎是真的存在於這個世代的身上，而這並不只是因為他們是獨生子女，更因為他們是要面對中國特有的期待和體制的獨生子女。

首先是高考，這是中國所有青少年最痛苦、最煩悶的經歷。文化大革命結束後，中國在一九七七年恢復了全國大學入學考試，將唐宋時期即已存在的悠久應考傳統延續下來；當時的科舉制度是世界最早的公務員考試制度。雖然科舉跟高考不同，但是悠久的應考傳統讓中國人堅信，這是唯一能靠才智與努力往上爬的途徑。

應考在中國文化當中扎下非常深厚的根基，雲南省的地方小吃「過橋米線」相傳就是專門為苦讀的文人發展出來的。傳說古時候有一個妻子，常常過橋為深夜還在讀書的丈夫送麵條當宵夜。但是她還沒過完橋，麵就已經涼了。於是她想出一個保溫的方法，就是在湯上用一層油來隔熱。不管故事是真是假，都道出了中國人對應考的重視。相較之下，再想想英國人對烹飪的貢獻——三明治——竟是為了讓賭博不中斷而發明的。

金榜題名是一種既定已久的社會流動形式，所以高考對中國的每一個學子來說，都成了決定他們一生的考試，而且從十多歲就要開始準備。

我住在中國的時候，只要高考季節到來，我一定會知道。同事會請幾週、甚至一個月的假，在家幫助孩子度過這段至關重要的時間。路上的車會變少。考區周圍的大型工程都會停工。北京瀰漫著霧霾的天空也會神奇地變藍。我聽說有些家長會在高考期間讓女兒吃避孕藥，好讓她們不會因為痛經而不專心。我也聽說有家長會把牙膏擠在孩子的牙刷上，只為了幫他們節省幾秒鐘的寶貴唸書時間。[18]

高考前的最後一兩年，我的中國學生每天要在學校待十二個小時，週末要上輔導課，而且每天平均只睡四到六個小時。中國的獨生子女也許不需要和自己的兄弟姊妹競爭，但是與同儕的競爭卻更加激烈。

雖然中國年輕大學生的自殺率比日本、美國和俄羅斯來得低，但是考試的壓力確實會造成生命殞落。[19]中國政府於二〇一四年公布的一份報告研究了七十九個學生自殺案例，結論是其中九〇%以上為中國應試導向教育體制的壓力所致。這些自殺案件有六三%發生在二月到七月，正是高考和其他重要考試舉行的時間。

我那些說希望能在企業內部擔任公關的學生，並不一定是懶惰或胸無大志。只是那扇探索實驗的窗對中國年輕人來說，比對同年齡層的美國人而言小太多了。

就拿約會來說吧。中國青少年要承受高考的重擔，所以跟異性交往這種讓人分心的事情是會被阻止的——當然，這並不表示他們就不會搞曖昧或心碎。二〇〇七年，中國南方一所學校甚至禁止男女生牽手。南方小城宜州的重點中學發布規定，聲明男生和女生「須在教室、走廊等燈光明亮的地方交談」，而且「禁止一個男生和一個女生單獨交談」。

在中國，女性的法定結婚年齡是二十歲（男性二十二歲）。根據共產黨為保護女性權益成立的組織「中華全國婦女聯合會」所發行的實體指南，女性滿二十歲後約有五至七年的時間尋找伴侶，過了這段時間就會被認為已經超過適婚年齡。然後她們就會嫁不出去，這種身分被人無情地稱為「剩女」。她們只有短短幾年能做出影響終生的決定，難怪中國人的婚姻現在有五分之一是以離婚收場，比例是十年前的兩倍。[20]

人氣部落客韓寒就像同代人的《麥田捕手》主角，他這樣寫道：「很多家長不允許學生談戀愛，甚至在大學都有很多家長反對戀愛，但等到大學一畢業，所有家長都希望馬上從天上掉下來一個各方面都很優秀而且最好有一套房子的人和自己的兒女戀愛，而且要結婚。想的很美啊。」

五

二〇一二年，陳翰賓賣掉父母給他的北京公寓，用賣房的錢買了兩輛露營車，開始開車環遊世界。三年後，他還在旅途上，就像現代版的凱魯亞克（Jack Kerouac），用短片和部落格記錄自己的旅程。

陳翰賓的冒險之旅包括：在泰國學踢拳道、在澳洲體驗水肺潛水、在伊拉克摘西瓜、在印度抱眼鏡蛇。他的「不可掉頭」旅行團曾經在古巴遺失護照，還僥倖逃過挪威的一場雪崩，還有智利的一場地震。最初的成員已經陸續離開，逐漸由新加入的夢想家取代。

翰賓在中國社交媒體上宣布他的目標時，中國的網路社群不出所料地用鼓勵、渴望與欣羨來回應。但是也有很多評論者表示不認同他的「不孝」舉動和不對父母負責的行為。一個網友說：「如果你有錢照顧父母，然後用剩下的錢來追求你的夢想，那很好，我全力支持。但如果你自私地賣掉家裡的房子，傷父母的心，那就是另外一回事了。」[21]如果一個三十幾歲的美國人決定做類似的事，我無法想像別人會有這種反應。

我在洛杉磯跟翰賓碰面，當時他剛剛完成一段從邁阿密開始橫越美國的路程。他成功說服了對這趟旅行始終態度冷淡的父母與他同行一個月，結果這個決定以他父親在環球影城的停車場崩潰做結。翰賓說父親哭著求他回家。「他說：『你的生活太危險了，求你別再這樣了行嗎？』」

翰賓做不到。他引用田納西．威廉斯（Tennessee Williams）的名句：「為即使身處牢籠，內心卻依然狂野的人祈禱，」並說：「每個人都有自己的牢籠，但中國尤其是個大牢籠。每個人都走同一條路，每個人都計較自己住在多昂貴的公寓、上過什麼學校，每個人都在實現父母對自己的期望……。我想定義我自己的人生。」

是翰賓太自私，還是他父母投注太多心血在自己唯一的孩子身上？

二〇一二年，人民大學的學者杜本峰創造了「獨生子女家庭風險」一詞。[22]他寫道：「獨生子女家庭有嚴重的結構缺陷：任何一個家庭成員受傷或遭遇事故都意味著災難，甚至會導致家庭破碎，因此，這類家庭格外脆弱。」（杜本峰對家庭結構脆弱的定義，與西方的研究明顯不同。在西方研究中，家庭的脆弱程度主要透過單親或未婚家庭的眼光來觀察。這些不同形態的家庭在中國很少見，有部分就是因為受一胎化政策影響。）

杜本峰說，兩個獨生子女成婚的趨勢也會加劇中國家庭的脆弱程度。獨生子女為了讓父母滿意，也承受了巨大壓力，必須在工作變動、事業選擇和移居方面做犧牲。為改善這種情況，杜本峰建議採取提高失獨補償金、設置獨生子女意外身故保險等手段。（目前為止，似乎還沒有這種性質的商業保險。）

這些想法看起來都很合理。但是除了建議實施更嚴格的交通法規及加強學校安全標準以保護獨生子女之外，杜本峰還提出禁止暴力線上遊戲，因為它們「傷害孩子的身心健康」，並勸告所有政府機構採取方法，「進行有利於獨生子女安全的活動」。杜本峰似乎提倡讓獨生子女嬌生慣養，這相當令人吃驚。

六

二〇一三年，我再度見到劉霆。他還住在家裡，還留在原來那座小城。在我認識的中國人裡，這種程度的穩定很少見。情況當然有一些小變化：他已經不再活在名人的光環中。免費公寓沒有了；他和母親搬到租金較低廉的住處，是一間不到五十平方公尺的公寓。他們在公寓自行組裝一系列隔板，以充分利用空間。屋裡看起來就像一個精細複雜的上下鋪系統。

劉霆於二〇〇九年畢業，在大學圖書館找到一份薪資微薄的工作。幾年後他在杭州找到一份平面設計工作，但是不到一年就辭職了。他說，大城市的生活成本太高，讓他入不敷出，而且每個週末大老遠回家看媽媽也太耗費時間了。我們重聚時，他靠積蓄生活，正在寫自傳。

我發現劉霆沒什麼變化，宛如中國的美少年格雷。他依然很瘦，依然穿著鬆垮的大T恤和牛仔褲，留長的拇指指甲還在，和藹的態度也還在。永敏看起來則是比五年前年輕一些。她臉上的皺紋少了；她的頭髮似乎比以前有光澤，還剪了時髦的鮑伯頭。她滿腦子都在計劃仿照韓國的設計來製作流行的口罩。她說，這些東西在中國充滿霧霾的城市愈來愈受歡迎了。

另一方面，劉霆顯得漂浮無著。在很多方面，他的情況似乎證實了我的假設：對母親的義務令他無法喘息，不能自由追求自己的夢想，而狹小的眼界確實讓他產生了一種習得的無助感。

劉霆告訴我他參加過浙江電視臺一個實境節目的試鏡，這更加深了我的懷疑。這個叫作《中國夢想秀》是仿照英國BBC的《就在今夜》（*Tonight's the Night*）製作的，節目中的素人參與者每人會分配到一名導師，幫助他們實現夢想，例如創業或在倫敦西區主演一齣舞臺劇。劉霆靠著以前的名氣獲得試鏡的機會。

試鏡時，他彈著吉他唱了那首特別為他寫的〈母親〉。但是他沒有入選。「我告訴他們，我的夢想是和母親快樂平靜地生活，也許寫一本書，」他說。「但他們說我的夢想不夠大。」

劉霆在公車站送我上車時，我注意到他穿著一雙帆布鞋，上面印著「Bu Xiang」的字樣。這是很便宜的牌子，很受農村的年輕人和工廠工人歡迎。我不確定這個品牌名稱是什麼意思，很可能有正面積極的意義，但是拼音的「Bu Xiang」也可以讀成「不想」。我看著他走開，他的鞋子隨著步伐起落。不想，不想，不想。

我覺得感傷。

不過我錯了。二〇一四年，劉霆完成他的書《我們會好的》。接下來，他公開了一個令人震驚的消息：他是跨性別者。

劉霆在受盡讚揚、被稱為全國模範的那段日子裡，一直為這個祕密掙扎著。他在大型週報《南方週末》以幾張私密程度驚人的照片公開自己的身分，照片中的劉霆化妝、試穿胸罩、思考自己要使用男廁還是女廁。

「大家一直叫我不要娘娘腔，要有擔當，要對得起道德模範的頭銜，」他說，「但是我內心深處很痛苦，因為我知道我被困在錯的身體裡。」

我擔心他的眼界太狹小的同時，他卻一直懷抱著一個要脫胎換骨的夢想。

劉霆的母親起初非常傷心。她抱孫子的可能性這下更渺茫了。「大家都希望我能生個孩子，畢竟不孝有三，無後為大。我心裡很矛盾。」劉霆說。

最終，他慢慢相信，「先過好自己的人生，才能孝順父母。我想，孝順的定義應該改一改了。」

再過不久，中國最著名的小皇帝之一就會變成皇后。[23]

6 歡迎來到玩偶之家

乃生男子，載寢之床，載衣之裳，載弄之璋。
乃生女子，載寢之地，載衣之裼，載弄之瓦。

——《詩經》

中國會出現一大批性饑渴的年輕男性。[1]

——埃爾利希（Paul Ehrlich）

一

二〇〇九年，我翻閱報紙尋找某篇報導時，一個標題吸引了我的視線：〈中國中部驚爆新娘逃婚潮〉。

那只是一則小消息，內容是陝西省一個叫新和平的小村子出現了一連串新娘逃跑的事件。這些女人婚禮結束後不久就逃走，留下送出高額彩禮後已經身無分文的新郎。這讓我想起了前一年，劉霆在火車上跟我說過買新娘的事。

儘管我在中國住過好幾年，這還是我頭一次聽說「彩禮」這個詞；這是男方送給女方的錢財，與嫁妝類似。在中國農村，婚姻雙方通常都會互贈金錢和禮物：女方送的是嫁妝，男方送的聘金和聘禮就是彩禮。通常男方送的彩禮價值比較高，反映了農村女性婚後當廚子、當妻子，還要生孩子所帶來的經濟價值。

在毛澤東時代，這種交換的內容都很節制，也就是一套衣服或幾個琺瑯臉盆。比較富有的家庭或許會把檔次提高到送一輛飛鴿牌自行車或一套紅木家具。但是從二〇〇一年左右開始，彩禮的價值就隨著中國第一個獨生子女世代步入適婚年齡而急劇上升。

當然，中國早在一胎化政策實施前就有重男輕女的傳統了，但在這種文化背景下實施一胎化政策，無疑讓中國成為全世界男女比例失衡最嚴重的國家。到了二〇二〇年，中國的男性將會比女性多出三千萬至四千萬人。[2]中國的單身男性人口將會跟全世界所有的加拿大人或沙烏地阿拉伯人一樣多，或者更多。十年之後，中國每四個男性中就會有一個是低技能單身漢。

重男輕女的現象也存在於其他文化中，但沒有任何一個地方像中國這麼嚴重。許多中國夫婦由於被迫限制自己的選擇，只好透過弒嬰、遺棄女嬰，或者利用先進技術進行選擇性墮胎來確保自己至少有一個兒子，能夠延續家族香火。在同樣重男輕女、但從未實施一胎化政策的印度，男女出生比例為一〇八：一〇〇。中國轉為實施二胎政策之際，男女出生比例為一一九：一〇〇，差距非常懸殊。[3]（全球平均男女出生比例為一〇五：一〇〇，這個差距被視為大自然在高風險男性行為令男生可能會早死的情況下，做出的補救手段。）

世界上從沒有一個國家出現過像中國這樣大批的單身漢，這些男性將無法找到伴侶，除非中國敞開大門接受大規模移民，但這種情況發生的可能性太低了。這些男人有一個外號：光棍，也就是不會開枝散葉的人。

新和平看來有可能是個「光棍村」。村子位於陝西省，而陝西「榮登」中國性別比例最不平衡的十大省分之一。[4]若你去看中國地圖，新和平村幾乎就落在正中央；地理上的中央，卻是文化上的邊緣。離新和平最近的主要城市漢中，遠在漢朝時因為被承認為紙的發源地而曾經盛極一時。但是從那以後，這座人口三百萬的城市（和芝加哥差不多大，但在中國的標準裡只是座小城）命運一直顛簸坎坷，對國家也沒有重大意義。漢中甚至沒有從首都北京直飛過去的航班。

我很好奇「光棍村」可能是什麼樣子。我想像那裡有成群慾火焚身又鬱鬱寡歡的男性，在村裡的廣場和網咖流連，他們的慾望與暴力就和汙染北京天空的霧霾一樣，一目瞭然。

為了安全起見，我決定帶辦公室裡唯一的男性研究員一起去新和平。結果證明這種預防措施並不必要。新和平村和中國大多數村子一樣，村裡都是老婦和小孩。所有處於工作年齡的年輕人，包括光棍，都去城市裡賺錢了，因為除了在村裡的狹小稻田勉強務農維生以外，實在無事可做。男性將來要繼承家裡的土地，所以很多人都保留農村戶籍。然而新和平村的年輕女性沒有東西可以繼承，便極盡所能早早離開村子，奔向明亮的燈光和大工廠。幾乎沒有人再回來長住。

在新和平村，一個被騙新郎的母親淑芬將我迎進家中。她家很舒適，有傳統的斜屋頂，大木門親切地敞開著，讓光線和偶爾來串門子的鄰居進入。唯一格格不入的是一輛停在客廳的緋紅色摩托車，把手上垂掛著紅色禮花。那輛車原本是送給逃跑新娘的禮物。

淑芬一邊給我看婚紗照，一邊講述她兒子結婚失敗的傷心史。她兒子周品十幾歲就離開新和平村，去中國南方的工廠工作。生產線的工作時間長，管理又嚴格，所以他沒有什麼機會結識女性。年復一年，周品都順從地遠道回家過春節，卻只得到父母愈來愈焦慮的質問。淑芬說，在新和平村，有個快要二十五歲了還單身的兒子，是很丟臉的事。

他們家一位世交朋友告訴淑芬，她自己的姪子娶了個四川女孩。新娘有三個四川朋友要來看她，那些朋友可能想結婚。

以前，和外地人結婚會被閉塞保守的新和平村民瞧不起。唉呀，四川人連講的方言都和他們不一樣，淑芬說。然而當時在新和平村的一萬四千個居民中有三十個單身漢，卻沒有一個適婚年齡的女性。他們顯然必須適應時代的變遷。淑芬於是親自動手安排相親。她把兒子叫了回家。

周品的追求過程又快、效率又高。他跟那三名女性見面，而且在第一次見面後就向最年輕漂亮的那一個求婚。女孩同意了，條件是周家要送她大約三萬六千塊人民幣的彩禮，這相當於周家務農十年的收入。

三天後，新人登記結婚。他們在攝影棚裡拍了婚紗照，照片中新娘的雙頰還用修圖軟體處理成與婚紗相配的象牙白色。在另一張照片中，夫妻倆穿著紅色和金色的中國傳統刺繡服飾，氣勢非凡。新娘擺出要點鞭炮的姿勢，周品則雙手捂耳，扮著鬼臉。

在一週後舉辦的婚宴上，淑芬正式將彩禮交給一個她印象中是新娘堂姊的女人；這筆錢有一半是跟親戚借來的。

結婚這件事是會傳染的。不久後，有兩個鄰居來找新娘，請她幫忙介紹合適的朋友給他們兒子。於是很快又有兩對新人接連結婚，新郎家送的彩禮金額都和周家差不多。

不到一個月，所有的新娘都消失得無影無蹤。

這個情形有幾分電影情節的味道。我想像那幾個女人在稻田裡狂奔的畫面，結婚禮服提到膝蓋上，頭紗在風中飄蕩。實際情況並沒有那麼詩情畫意。周品的妻子假裝突然拉肚子，從屋外的廁所爬出去逃跑了。

我在事發四個月後來到新和平村，其他被騙的新郎都去別的地方找工作了。只有周品還留在村子裡。

原來，這場進展迅速、講求務實的婚姻讓周品動了真心。他說，他很早就懷疑他的新娘並不是她自己口中那個單純的鄉下女孩。他提到自己在工廠的工作時，女孩聽得懂一部分，問的幾個問題也讓他猜測對方曾經在城市裡工作過。即便如此，周品還是希望她能適應新和平村的平靜步調。女孩看起來很溫柔，對她在細微之處得到的關照十分感激。周品本來還打算在離家比較近的地方找工作，這樣就可以經常回家過節。他買了那輛摩托車給她，讓她能騎車去漢中，調劑一下無聊的農村生活。他們還約好要搭五個小時的巴士去西安看兵馬俑。

我看不出有什麼能吸引年輕女孩到新和平村並留在那裡。村裡有一家小商店，販賣洗衣粉、殺蟲劑之類的東西，需要什麼日用品都能一次買齊。（殺蟲劑在農村太常被人用來自殺了，還被《紐約時報》記者伊莉莎白・羅森塔爾〔Elisabeth Rosenthal〕稱為家家浴室鏡臺裡都有的中國版煩寧〔Valium，一種鎮靜安眠藥〕。）[5]下田仍然很辛苦。田地太小，無法用機器耕作，因此有大量農活是以百年前的古老耕作方式完成的。許多房屋沒有自來水。新和平村的已婚年輕女性格外賣力工作，在外要下田耕作、在家要照顧孩子和公婆，她們的丈夫卻可以連續數月在外面自由闖蕩。在這種情況下，也就不難明白為什麼中國一直到二〇〇五年左右，都是全世界唯一女性自殺案件多於男性的國家，而其中自殺率最高的就是年輕農村婦女。這種情況目前正在改變，因為農村沒有女性了；現在自殺率升高的是農村男性。[6]

周品的家人怕他會絕望輕生，所以他父母不准他離開村子。淑芬說，其實他們所有人都很絕望，都在擔心要如何償還為了彩禮而欠下的沉重債務。新和平村的其他家庭狀況更糟。其中一個被騙的新郎還有個同樣單身的弟弟，家裡的人都不知道該怎麼為他湊足彩禮的錢。他父親哀嘆：「要是我生的是女兒就好了。」[7]

我一開始會被新和平村逃跑新娘的故事吸引，是因為這個故事又傷感又滑稽。我喜歡這一小群女性以某種方式，打擊了中國的父權體系。我自己是女性，也是被父母輕視的女兒；我覺得新和平村和其他無數小村落遇到的問題彷彿是正義的伸張，是千百年來對女性全盤歧視的報應。

但周品的俠士風度有打動我。即使失敗的婚姻讓他負債纍纍，在法律上也處境曖昧，他也不願責怪妻子。他說，他並沒有因為她離開而恨她。「她肯定有自己的苦衷。」事發後他們其實談過幾次——他說對方有打過電話。「她說她很抱歉，她是不得已的。」

不是所有的中國單身男性在類似處境下，都能這麼寬宏大量，但他們都要面對一個並非自己造成的黯淡未來。

二

關於年輕男性人數過多的現象將如何影響中國乃至於全世界，已經有很多理論了。無可否認的是，人數眾多的年輕男性群體造就了會孳生社會分歧和暴力的情勢，而且與阿拉伯之春及印度性侵事件的增加都有關聯。那麼，在全世界性別人數差距最大的中國，情況又會變成怎樣？

二〇〇四年，學者瓦萊麗．赫德森（Valerie Hudson）與安德莉亞．鄧波爾（Andrea den Boer）合著的《光棍危機》（*Bare Branches*）一書提出，數量龐大的單身男性人口，可能會令中國變得更好戰。中國歷史上有許多男性人口過剩的時期，包括兩次在清朝發生的叛亂，兩次都是在單身男性數量極多的地區。其中一次是一八五一年發生在中國華北地區的土匪叛亂，史稱「捻軍起義」。當時饑荒和謀殺女嬰的現象，造成了大約一百二十九名男性對一百名女性的比例。赫德森與鄧波爾提到，當時每四個男人當中，就有一個娶不到老婆。[8]（根據中國社會科學院人口研究專家張翼的說法，現在中國有些省分的男性比女性多出二六％到三八％。）[9]她們還指出，大量單身男性人口本身未必會引發暴力現象。「僅有乾柴並不足以引起火災，但當火星開始飛舞，乾柴就可以變成引火柴，讓星星之火變成熊熊烈焰。」

赫德森和鄧波爾的理論雖然有趣，但很多社會科學家認為這些理論只是臆測，不一定能預言什麼。十年後，中國在與鄰國的領土紛爭中愈來愈強勢，她們的論點才多得到些許認同。二〇一二年，中國與日本為了幾座被日本人稱為尖閣諸島、被中國人稱為釣魚島的貧瘠無人島而爭論不休，激烈到讓《經濟學人》雜誌在封面故事提出這個問題：「亞洲真的會為了這些島嶼開戰嗎？」[10]

二〇一四年，即《光棍危機》出版十年之後，赫德森和鄧波爾在《華盛頓郵報》的一篇文章中指出，中國的外交政策辭令中開始悄然出現一種「男性形式的民族主義」。[11]她們認為這是政府刻意煽動的，以確保「年輕光棍」繼續效忠於國家。

至少就國內而言，男性愈多、衝突愈多的說法有其道理。二〇〇八年，經濟學家指出中國的性別比例每拉大一%，暴力及財產犯罪率就會上升五%至六%。研究人員估計，在所有的新增刑事案件中，有三分之一是由中國年輕成年人口中「不斷增加的男性」造成的。[12]浙江大學二〇一三年的一項研究發現，中國的單身男性比已婚男性自卑，而且憂鬱和攻擊行為的比例都遠超過已婚男性。[13]

中國女性遭遇的公開侵犯和騷擾程度雖然不若中東或印度女性，卻會經歷大量的家庭暴力。中華全國婦女聯合會指出，中國每四個女性中就有一個遭受家暴，而且她們幾乎沒有法律保障。二〇一一年，中國一個著名企業家的美籍妻子李金因為遭丈夫毆打而向警方報案，但是沒有結果。警方拒絕認定丈夫毆打她的行為構成犯罪後，李金便在微博上張貼自己瘀傷的照片，引來媒體熱議。後來法院以家暴為由，裁定准許她離婚。這是一個具有重大意義的判決，李金也因此成為直言不諱的女權擁護者。中國政府到二〇一四年才起草一部針對家庭暴力的法案。

從經濟上看，中國性別比例失衡的影響似乎好壞參半。經濟學家魏尚進和張曉波認為，性別比例失衡可能會引發更多創業行為，從而刺激經濟發展。[14]他們發現，性別比例失衡愈嚴重的地區，GDP增長愈多，私有企業的發展也愈強勁。從另一個角度來看，魏尚進和張曉波也認為這種失衡導致了過度儲蓄[15]，因為有兒子的父母會累積資金，以提高兒子在婚姻市場上的身價，而這兩位研究者計算出中國在過去二十五年裡增加的儲蓄金額中，有一半都可以歸因於性別比例的上升。

如果真是這樣的話，中國的光棍問題將會令北京更難透過刺激國內消費來實現其出口型經濟的轉型。魏尚進和張曉波的理論並非主流——經濟學家對中國儲蓄率高有很多種解釋——但是的確和愈來愈多的證據一樣，證實了一胎化政策從很多方面來看，都造成了將會抑制未來發展的人口結構問題。

二〇一四年的一項澳洲研究也發現，中國的性別比例失衡是儲蓄過度與犯罪率上升的部分原因。遺憾的是，尋求重新平衡性別比例的政策要幾十年才能見效，而且會減緩實際人均收入的成長。不過這份研究論文的作者推斷，犯罪率下降帶來的收益將能彌補經濟成長減緩帶來的損失。[16]

目前，還沒有人確知中國男性過剩的現象是否必定會抑制經濟成長，或者令國家變得更好戰。但可以肯定的是，在中國這樣一個父母——尤其是獨生子女的父母——積極介入子女婚嫁的社會裡，這個現象嚴重加劇了婚姻焦慮。

二〇〇九年，高額彩禮對中國很多城市人來說還是個陌生的概念。雖然彩禮在農村十分盛行，「在中國城市中仍然很少見，」加拿大學者希文．安德森（Siwan Anderson）寫道。[17]僅僅六年過後，房地產公司萬科集團就公布了一張中國各地彩禮金額的地圖。[18]根據該集團的資料，彩禮金額最高的城市是上海和天津，分別為十萬和六萬人民幣。這些金額還只是冰山一角，因為如意郎君還應該要有自己的房產。

萬科的計算方法廣受批評。有些人說該公司低估了彩禮的價值——為什麼在中國第二大城市北京，彩禮只要一萬人民幣和兩瓶高度茅臺酒，而在高速發展的重慶則不用付彩禮？不過，幾乎沒有人對一個令人不快的見解表示異議，那就是彩禮這種曾經僅限於農村的古怪習俗，如今已是全國的慣例。婚姻已經變得比一九四九年新中國成立以來的任何時候都還要關乎金錢、估價與投資。

西方人可能很難理解婚姻怎麼可以是這樣赤裸的金錢交易。但是在中國，父母的參與是既定的前提。婚姻從來就不只是新郎和新娘的結合，雙方交出的不只有自己，還可能是雙方父母共同積攢下的一切。

由於男性要爭取數量有限的新娘，父母就會幫忙出錢幫兒子買房子，提高他們的身價。這叫「築巢引鳳」，而把巢築得最好的就是房地產經紀人。（一些經濟學家估計，性別比例失衡導致中國的房價在二〇〇三年至二〇〇九年間上漲了三〇%到四八%。）[19]中國的房價飆漲，也必然創造了一大群「房奴」，這些可憐的人與美國次級房貸的受害者一樣，背負著天價的債務。

二〇一三年，我認識了一個名叫田秦耿的房奴。當時二十五歲的他是性情溫和的車床操作員，住在寧海，一座離上海數小時車程的怡人小城。田秦耿在一家工廠上班，每個月賺大約二千五百塊人民幣。即使以寧海人均年收入接近三萬人民幣的標準來看，這工資也不算多。為了提高兒子的身價，他父母花光所有積蓄——共約三十萬人民幣——又向親戚另外借來二十萬左右，幫他在寧海市中心買了一間兩房公寓。

每個月，田秦耿和他父母都要花掉總收入的八成左右來繳房貸。這讓他們在生活上不得不處處精打細算。暖氣？太貴了。家具？最基本的就好。蔬菜？只吃鄉下老家田地裡種出來的。他們唯一允許自己花錢的地方就是買彩券。

田秦耿邀請我去他的公寓看看。社區本身很新，有一座池塘、精心修剪的矮樹，還有仿照桂林著名的喀斯特地形所設計的假山庭園。穿過中庭的時候，我聽到了中產階級最具代表性的聲音：電玩遊戲的嗶嗶聲，以及彈得讓人聽不下去的約翰．湯普森（John Thompson）鋼琴教學曲。

雖然田秦耿為了引來鳳凰而把自己的未來賭在築巢上，但這個巢穴卻空得可悲。除了向原屋主（準備離婚的一對雅痞夫婦）低價買來的固定設備之外，公寓裡陳設簡陋，陰冷蕭條。他母親為了讓房子有溫馨的感覺，擺放了一些刺繡圖畫和手工枕頭。她還在田秦耿的臥室裡放了一隻一公尺高的兔子填充玩偶和竹子盆栽。只是包著兔子的塑膠套已滿是灰塵，竹子也漸漸枯萎，因為田秦耿從來不記得要澆水。

田秦耿已經有了愛巢，卻不怎麼積極尋找分享愛巢的對象。麻煩的地方在於他不是很清楚要如何著手尋找這個人。寧海不是北京或上海那種大城市，沒有健身房、夜店，也沒有豐富的單身生活。大家仍然會在天氣好的時候去河邊洗衣服，男女交往也還是透過老方法，靠熟人介紹。占卜算命仍然很重要。田秦耿有個朋友好不容易找到女朋友，卻為了避開馬年而延後結婚。田秦耿解釋說，算命先生認為馬年是動盪之年，不宜結婚，所以建議他們等到更宜嫁娶的羊年。當然，小倆口婚後還得注意不能太快懷孕，因為一般人認為羊寶寶太過消極被動，日後難以成功。

這種現代與傳統的衝突讓田秦耿招架不住。他寧願躲在自己的房間打電玩遊戲。他的親戚直接幫他取了個外號：宅男。這個詞是從日語裡的「御宅族」演變來的。

我認識田秦耿的幾個月前，他在叔叔的安排下第一次、也是唯一一次跟女孩子約會。他只知道對方二十幾歲，和他一樣在工廠上班。捉襟見肘地省出一點錢之後，田秦耿約她在一家咖啡館見面；他不喜歡咖啡因，但在那裡只要花二十塊人民幣就可以無限續杯。他們的談話內容很浮誇。他很失望，抱怨她「五官不協調」。他說他不知道要跟對方說什麼。實際上，他對任何同齡女性都不知道要說什麼，因為他沒有姊妹，又在全是男性的環境中工作。

我問他想娶什麼樣的人為妻。

沉默許久後，他大膽開口：「她必須個性好。」

什麼意思？我追問他。

「她必須聽我父母的話。」他停頓一下。「也要聽我的話。」

每到週末，田秦耿的母親都會從鄉下老家坐公車來幫他做飯和打掃。趁著擦地板和切番茄之間的空檔，母親都會暗示他：「你不覺得時候到了嗎？」還有，「媽還不老，還能幫忙帶孩子。」（得知他母親在一家製作馬鞭的工廠上班時，我被逗樂了。）

田秦耿非結婚不可，而且不只是為了滿足父母的期待。他算算父母大概還能再賺十年的工資。他需要找到一個能在父母退休後，幫他一起還房貸的伴侶。這對未來的田太太來說自然不是很公平；田家指望她幫忙還房貸，但是房產證上應該不會出現她的名字。

我問他會不會把房子登記為跟未來的妻子共同持有，他堅定地說：「當然不會。這房子是我父母和我一起買的。」

根據社會學家洪理達（Leta Hong Fincher）所言，中國的主要城市中，只有三〇%的婚後房產為夫妻雙方共同所有，儘管有超過七〇%的妻子出錢幫忙買房。[20]當婚姻出現問題，要由離婚法庭分配婚姻資產時，這就成了大問題。二〇一一年，中國針對《婚姻法》發布了一項新的解釋，說明婚後的房產屬於房產證上登記的所有人——幾乎向來都是丈夫。中國近年來創造的許多財富都是來自房地產市場的迅速增值，因此中國女性在這場可說是史上最大規模的自住房產財富累積行動中，是被排除在外的。洪理達估計，中國的房地產市場約價值二十七兆美元。

在寧海這樣的小城市，談戀愛的選項實在太少，和大城市的選擇形成強烈對比。高科技的選擇就是「世紀佳緣」及「百合網」這類的交友網站；而低科技的做法就是父母代表單身子女在公園裡張貼交友廣告。第二個辦法已經流行十多年了，是退休父母彼此聚在一起感嘆孩子的單身狀態時開始出現的。很快的，家長開始交換資訊，所謂中國公園的婚姻市場也就應運而生。

我第一次偶然發現一個這樣的婚姻市場是在二〇〇六年。當時正值北京玉淵潭公園的櫻花季，我發現有一群人聚在公園某個角落。我好奇地走過去，看到很多手寫的廣告，有的攤在地上，有的則夾在樹叢間串起來的繩子上。

我和一個幫自己兒子貼廣告的男人聊了起來。他兒子二十幾歲，是以仿繪名畫為生的畫家。這個父親甚至帶來兒子畫作的照片。「看，他很有才華吧？」他指著一幅模仿梵谷名作《鳶尾花》的畫說道。他兒子和公園裡多數廣告上的人一樣，並不知道自己的父親正在幫他物色對象。「他要是知道我在跟你介紹他，會很害羞的，」這個父親說道。我趕緊告訴他我已經結婚了。他的臉便沉了下來，小心翼翼地收起兒子作品的照片。我問他，現在就開始為兒子的單身狀態操心，是不是有些為時過早。他嘆了口氣。他知道中國的婚姻擠壓效應是進行式。

多年來，我偶然走進這些婚姻市場時，都會發現廣告裡有個趨勢：男性通常都是二十五歲左右，沒上過大學。女性的年紀通常大一點，學歷也比較高。這不僅是因為中國的法定結婚年齡——再說一次，女性二十歲，男性二十二歲——造成民眾自然而然地認為男性就應該尋找比自己年輕（社會地位大概還要比自己低）的伴侶。另一個原因是這樣才符合中國根深柢固的門當戶對文化；在這種文化中，女要高嫁，男要低娶。這種情形自然讓已經很緊繃的婚姻市場雪上加霜。門當戶對的觀念對新和平村那些農村光棍的男性來說顯然很不利，但同時也限制了高學歷女性的選擇，於是就有了這樣一個常聽到玩笑：「中國人有三種性別：男人、女人、女博士。」

我懷疑這些婚姻市場的廣告有多少能真正撮合出婚姻，不過它們確實展現出中國父母在子女擇偶過程中扮演的角色有多麼重要。社會學家孫沛東在她的著作《誰來娶我的女兒》中指出，上海人民公園的婚姻市集上，六十五則廣告只配出了三對。[21]儘管失敗率這麼高，孫沛東還是認為這個婚姻市集滿足了一項重要需求，為獨生子女世代的父母提供了一個交流場所，讓他們分擔對孩子未來的擔憂。同時，它也反映出父母對中國家庭結構日益脆弱所產生的焦慮。[22]

我想要更深入瞭解由單身者主動參與、而不是由他們父母主導的現代化約會方式。二〇一三年，我參加了一場「世紀佳緣」主辦的集體相親大會。世紀佳緣這家納斯達克上市公司（股票代碼為DATE）是中國最大的婚戀仲介機構之一，註冊用戶超過一億一千萬名。這場三小時的活動以白領勞工為對象，費用是一百塊人民幣。報名參加的人約有一百個，這讓我鬆了口氣，因為這種集體相親活動有時會有上萬人參加。

我顯然屬於年紀較大的一邊，又是個外國人，於是我的研究員小霜和我想出了一套說辭：我會用她表姊的身分自我介紹，說我是海外華僑，在北京工作，陪著她來尋找伴侶。

幸虧我們有備而來，因為報到時需要提供身分證件。沒人能夠掩飾自己的年齡，因為我們身上都貼著標有自己出生年代的牌子。小霜的紅色大貼紙上寫著「九〇後」。我的貼紙當然就寫著「七〇後」，這個年齡層在中國的交友圈被歸為「3S」——單身（Single）、七〇年代出生（Seventies）、嫁不出去（Stuck）。這個標籤感覺就像霍桑筆下的紅字。我問主辦單位他們發出了多少「七〇後」的貼紙。「不多，」有個人不屑地說，還一邊狐疑地打量著我。

接著，我們被帶進一個舞會大廳，裡面的椅子以十張為一組，排成正方形。會場的一角擺放著一些茶點：水果、飲料、甜餅乾，沒有酒。我悄悄走近其中一組，打量著其他參與者：一個女人的「七〇後」大貼紙有部分被頭髮遮住，腳上穿著軟膠鞋；還有一個三十幾歲的男人，頭也不擡地盯著手機。我們都拿到粉紅色的小紙條，用來寫自己的詳細資料：姓名、嗜好、QQ號碼——QQ是中國流行的即時通訊軟體。這樣做的用意是，如果我們看到合適的對象，就可以交換紙條。每個人在粉紅色紙條上寫字之前，都會先偷偷瞄一下周圍的人。

主持人跳到舞臺上時，每個人都鬆了口氣，但只有一下子。「大家都站起來！轉向你的搭檔！幫你的搭檔按摩吧！」我小心翼翼地幫一個很瘦的二十幾歲男生揉了揉肩膀，然後轉過身讓他揉我的肩膀。我無意間發現自己把他熨燙平整的襯衫弄皺了。「就是這樣！用力捶！」主持人高聲呼喊著，我們也聽話地捶打對方的肩膀。

主持人要我們每組想一句口號，要浪漫的，然後一起喊出來。喊得最大聲或口號最有創意（我不確定是哪一種）的那組就贏了。我們這組想出的口號是「永恆的愛情鬥士」，聽起來就很弱。輪到我們喊的時候，大家都喊得跟剛出生的小貓一樣有氣無力，儘管有個四十幾歲的男人（就叫他老張吧）自告奮勇擔任組長，拚命為大家打氣。「加油！大家一起來！」他尖聲喊道。「永恆！愛情！鬥士！」

我們再一次有氣無力地叫出聲來。

接下來是自我介紹。每個人都極其嚴肅。所有的女性都一直說自己「在找真心誠意的人」。所有的男性都舉出自己的成就：學歷、工作、汽車，以及是否具有至關重要的北京戶口。沒人假裝自己只是為了娛樂、交朋友，或者找個能一起在沙灘上散步的伴而參加活動。他們的願望清楚明白──找一個以結婚為前提的交往對象──毫無浪漫可言。以組長自居的老張自我介紹時，說他有自己的進出口公司。他不像其他一些男性那樣連自己的薪資、公寓大小都和盤托出，卻揚著眉毛說：「這樣說好了，結婚的條件我都有。」穿軟膠鞋的女人說自己是醫生，平時太忙了，很難認識什麼人。我們這組所有女性中，只有她說自己不介意和比她年輕的男士交往。

輪到我時，我趕忙把之前編好的故事講給他們聽：我只是陪我表妹去的。老張嚴厲地盯著我說：「是，但我問你，你是真心誠意的嗎？」

接下來，我們都被要求換到下一組，重複整個過程：按摩、想口號、喊口號、自我介紹。我們遲疑地走出會場後，我問小霜怎麼想。她翻了個白眼，不屑地說：「我覺得好像回到學生時期。淨是些幼稚的遊戲。」

這種相親大會太正經了，除了小霜以外，很多人也被搞得興致全無。二十六歲的普林斯頓大學畢業生艾德瑞（Alex Edmunds）察覺到商機，創辦了一家名叫「湊湊吧」的公司。這家公司將他們舉辦的交友活動稱為「聯誼」，內容有郊遊、羽毛球、晚餐等。艾德瑞的客戶中有很多像通用電氣、IBM、微軟、搜狐、百度這樣的科技公司，這些公司會透過各自的「單身俱樂部」出資贊助聯誼活動，每次多達三萬至四萬人民幣。

「沒人想參加相親大會，那種活動都很掃興。我們把我們的活動稱作聯誼，但它們顯然是為有相親意願的人舉辦的，」艾德瑞說。

這些公司並不是無私地為人牽線，而是要藉此降低員工的流動率——已婚人士跳槽的可能性比較低——並提供一種愈來愈受重視的企業福利。這些單身俱樂部不僅吸引員工本身，還能拉攏和安慰員工的父母，特別是家中獨生子女在外地工作的那些。舉例來說，百度每年都寄一份俱樂部的活動簡報給員工的家人。根據《金融時報》(*Financial Times*)報導，員工父母會寄手寫的回信給公司，催促公司舉辦「更多單身活動」。[23]

在任何文化中，追尋愛情都要花費工夫，乃至於吃一點苦。但是談戀愛在中國似乎特別困難，因為子女一開始就要額外背負父母沉重期望所帶來的壓力，加上男女性別比例失衡。不算太久之前，多數中國人都靠媒人介紹，或是只在極度狹窄的生活圈中物色，所以很容易找到可能的伴侶。現在約會的選擇多了，但人也更焦慮了。

雖然一胎化政策使得家庭人口減少，也讓家族網絡迅速縮小，但核心家庭的基本結構仍然存在。在西方逐漸發展的其他類型家庭——同性戀家庭、跨族裔家庭、無子女家庭、單親家庭，還有未婚家庭和繼親家庭——在中國仍然很罕見，部分原因就是計劃生育的規定阻礙了某些家庭類型形成。舉例來說，中國幾乎沒有未婚媽媽，因為少了一紙結婚證，幫孩子取得出生證明和戶口就會極其困難。

當然，這種婚姻焦慮有部分是被放大和刻意渲染的。零售商看到賺錢的好機會，就利用每年十一月十一日的「光棍節」，把單身這件事變成購物的理由。光棍節始於一九九〇年代，當時有一群南京大學的學生在這天買了小禮物給自己，算是對自己單身狀態的安慰。而今光棍節已經成為全世界最盛大的網購活動，銷售淨額達幾十億美元，超越了美國的「網路星期一」等活動。二〇一二年，網路巨擘阿里巴巴甚至將「雙十一」一詞註冊為商標，並表示會對播放競爭對手含有「雙十一」字樣廣告的媒體採取法律行動。這就好像亞馬遜公司把「情人節」三個字註冊成商標一樣。

共產黨對婚姻焦慮的加劇，尤其是女性的焦慮，也有一定的責任。由於男女比例失衡，你大概認為女性會覺得自己擁有更多自主權，並且因為稀有而更受重視。情況並非如此。中國女性很早就開始對婚姻感到焦慮，因為她們覺得自己一旦年近三十就嫁不出去了，而這個年齡的西方女性還是認為自己的條件不錯。

二〇〇七年，中華全國婦女聯合會發起一項由政府支持的運動，助長了這種焦慮。諷刺的是，全國婦聯這個共產黨下屬機構的任務是提升女性權益。這項「剩女」運動創造了「剩女」這個帶有侮辱意味的詞，把二十五歲以上的女性比作剩飯剩菜。竟然沒有人舉辦這樣的運動來「幫助」單身男性，畢竟這個族群才是最需要幫助的。

洪理達認為，「剩女」運動旨在明確規勸高學歷的女性不要延後結婚生子的時間，因為共產黨正是需要這個族群來生育「優質」的孩子。[24]

一胎化政策規定的目標之一是減少人口數量，以提高人口素質。計生員廣為使用的一句口號就是「提高人口素質，控制人口數量」。[25]中國政府對達成這個目標的進度，顯然並不滿意。二〇〇七年，中國國務院宣布國家有嚴重的所謂人口素質低下問題，這會令中國在全球市場失去競爭力。於是，提高人口素質又一次成為國家的優先大事。[26]不久之後，中華全國婦女聯合會就發起了剩女運動。

中國並不是唯一鼓勵高學歷女性結婚生子的國家。許多亞洲國家面對不斷下滑的出生率，也出現了強烈對抗女權的類似現象。在日本也有與中國的「剩女」相仿的辭彙，像是「寄生蟲」和「耶誕節蛋糕」（「過了二十五就壞掉了」）。

一九九四年，新加坡的開國總理李光耀對自己給予該國女性平等權利表示後悔，因為那使得她們在女性應嫁給地位更高的男性的傳統婚姻制度當中反而較難結婚。「我們以為可以開放整個體制，提供平等的教育和就業機會，像西方一樣，」他說，「但我們忘了文化不會一夕改變。所以你還是想當家裡的老大。你不想娶一個比你聰明、又比你會賺錢的妻子。」[27]

這種強烈反應讓中國人對解放前和女性主義出現之前的時期，產生了一股懷舊風潮。「剩女」運動發起一年後，中國各地出現了許多鼓吹服從男性的成人教育講座。這些講座稱為「女德課程」或儒學講堂，其中很多與地方政府、學校和教育基金會有往來；它們的宗旨明確，是要把孔子奉行的「傳統價值觀」教導給中國人。（這些儒學講堂和孔子學院並不相同，孔子學院是中國教育部負責在海外宣傳中國文化的分支機構。）

我的一個研究員參加了這樣的講座，並將整個過程錄了下來。這項活動每個月舉辦一次，每次為時一天，費用二百元人民幣，由河北省傳統文化研究會主辦；其主管單位是河北省文學藝術聯合會。（該研究會的很多領導都是政府高官。）

講師丁璇站在孔子和習近平的肖像旁，對著滿教室的學生說：「丈夫是妻子的天。妻子要懂得敬天。」在三小時的課堂中，丁璇反覆強調女性需要退居次要地位，還說出「強勢的女人會有各種問題，乳房和身體其他部位會得癌症。老天爺這是在幫你，因為你不想再當女人了。」

丁璇呼籲女性仿效中國國家主席習近平的夫人彭麗媛，她可以說是中國自宋美齡以來最有魅力的第一夫人。彭麗媛是民歌手，有很長一段時間都比她的政治家丈夫還要有名。他們夫妻曾經在中國不同的地方追求各自的事業、過著不同的生活達數十年。[28]但根據丁璇所說，那並不是彭麗媛成為中國女性典範的原因。「她會做麵條、會烙餅、會自己騎著自行車去買菜，」讓習近平得以全心投入自己的事業，「成為舉世聞名的賢君。」

現代中國竟然存在如此陳舊的訊息，似乎令人難以置信，但這些講座對社會上某部分在快速變化的世界中感到孤獨的人來說，卻很有吸引力。被這些講座吸引來的女性通常有家庭問題，例如丈夫出軌。男性——講座似乎兩性都能迎合——受到吸引則是因為在這個充滿沉重社會壓力和人口壓力的時代，講座傳遞的訊息能提高他們衰弱的自尊心。二〇一四年九月，在一次參加人數超過三萬的線上民調中，五一%的人說這些課程是有益的。[29]

中國的山東、河北、山西、廣東和河南都設有儒學講堂。有些講座是免費或有補助的；有些則可能為期一週，費用上千元人民幣。有些講座的內容可能比較不具有煽動性和歧視性。例如，我就聽說過有女性講座專門提供家庭諮詢，以及教導女性縫紉等家政技能。

至少還有一家儒學講堂的調性與河北的那家相似。在東莞這個有大量年輕女工的製造業重鎮，有一門女性講座宣揚這樣的準則：「被丈夫打不要還手」以及「絕不離婚」。二〇一四年九月，這個講堂由於無照經營及「違反社會道德」而遭主管單位關閉。[30]

三

唯一從一胎化政策得到大量利益的群體，是中國城市的女性。如果你是一九八〇年之後出生於中國大城市的女性，那麼你活過幼童時期、營養充足、並且獲得高等教育的機會，就遠大於那些在一九八〇年之前出生的中國女兒。

人類學家馮文（Vanessa Fong）指出，獨生女沒有兄弟來和她們爭奪父母的資源，更是中國人「姑娘當兒子養」這個務實策略的受益者。[31]因此，中國目前接受大學教育的女性人數是歷史新高。二〇一〇年，中國的碩士研究生有一半是女性。蓋洛普諮詢公司指出，中國女性的勞動參與率在亞洲名列前茅，七〇%的中國女性已經受雇或正在求職；相較之下，印度女性的勞動參與率僅有二五%。[32]

然而在城市女性進步的同時，也有大量女嬰在出生後就被殺死或遺棄，還有女性胎兒來不及出生就遭到墮胎。想到這些，我們很難認為一胎化政策促進了中國女權的發展。諾貝爾經濟學獎得主沈恩（Amartya Sen）估計，殺嬰及性別屠殺是造成亞洲女性減少約一億人的原因之一。這一億名女性約有一半本來會是中國人。

從目前性別比例失衡的狀況來看，女性無疑比男性更珍貴，卻未必更受重視。除了反女權意識升高以外，人數稀少還導致女性被商品化的現象愈來愈嚴重。過去十年，中國賣淫和性走私案件持續增加，但由於執法不嚴、透明度低，所以沒有人拿得出具體數字。二〇〇七年，美國國務院估計，中國國內每年至少有一至二萬的受害者遭到販賣，為人口販子帶來超過七十億美元的年收入，比販賣毒品或武器所賺的錢還多。[33]

雖然一胎化政策有可能為中國的一部分女性帶來好處，卻無疑對越南、柬埔寨、緬甸和北韓等鄰國的女性造成危害；近年來，為中國男性販賣及綁架女性的案件在這些地方有增無減。很多女性遭到強迫或誘騙，賣給中國男人當妻子。她們與新和平村的逃跑新娘不同，大都無法逃跑，或是逃跑後面臨更悲慘的際遇。中國法律往往將性走私的受害者當成違法者來對待，因此這些受害者能得到庇護與支援極少。部分受害者，例如北韓女性，如果被抓到就會驅逐出境，面臨拘留或死亡的命運。根據人權組織「二合一教會」的說法，中國的北韓難民估計有五至十萬人，其中大多是以每人約一千五百美元的價格被賣過來的女性。[34]

關於中國女性被商品化的情形日趨嚴重，我目睹過最令人毛骨悚然的例子可能是在東莞參觀的性愛娃娃工廠了，就是最激進的儒學講堂遭到主管單位關閉的那座城市。那裡有一家製造商想出一個獨特的解決方案：既然中國女人不夠，何不做出假的女人？

二〇〇九年，工廠老闆何偉碩及他的合夥人關閉了一家製造辦公家具的公司，正在尋找新商機。有什麼高價產品做出來之後會產生大量需求？他們的答案是：性愛娃娃。不是廉價的充氣娃娃，而是真人大小、以鋼製骨架覆上柔韌聚氯乙烯肉體製成的娃娃。這些娃娃做得栩栩如生，每個零售價三萬元人民幣起跳。

二〇〇九年至二〇一〇年，何偉碩與合夥人用不同的原型做實驗。他們在廣州的大學城設立實驗室，尋找大學生做測試者。馮文廣看到標題為「假娃娃，真愛愛」的傳單後，就報名參加測試。

主修工業設計的馮文廣很好奇——原因不只是想偷嘗禁果而已。「我覺得這可以是一個很好的商業模式，」他說。他認為，畢竟中國男性已經多到快要崩潰的地步，假女人或許可以成為真買賣。

他花了一點時間才在自己就讀的廣東工業大學不遠處一條陰暗窄巷裡找到測試地點。店面門口有一塊紅布遮著，店裡正播放家喻戶曉的〈愛情遊戲〉這首歌。他在店外緊張不安地猶豫了一下，然後拉開紅布簾。他心想，只有嘗試新事物，才能領先別人。

於是馮文廣加入了一個奇妙的單身男性俱樂部。八個大學生給自己取名為卡哇伊——日語「可愛」的意思——俱樂部，開始定期聚餐、唱卡拉OK，並且為何偉碩實際測試性愛娃娃。何偉碩將他的公司命名為新中易有限公司。（宣傳標語：「中國頂級性愛娃娃」。）

一開始，情況就像扭曲版的「金髮女孩與三隻熊」故事：馮文廣和其他測試者抱怨一百五十公分高的娃娃太僵硬、太冰冷，或者太不逼真了。新中易的製造者試驗了不同的材質（矽膠、橡膠）、乳房大小（C到EE罩杯）、毛髮（人造假髮、真髮）和族裔（非洲人、亞洲人、白種人）。「提出這些回饋，感覺很怪，因為我們並不認為自己是終端客戶，」馮文廣說。新中易的定價昂貴，產品直接瞄準那些富有、並且很可能已婚的男人。

卡哇伊俱樂部的成員「從來沒想過自己有一天會需要這些東西。我們確信自己能找到真正的女人。」馮文廣用二十四歲年輕人極度自信的口吻說。畢業後，他甚至加入這家公司擔任設計師。

二〇一一年，新中易實體娃娃開始投入生產。三年後我參觀他們的工作室時，他們每個月賣出十到十二組娃娃，國內和國際市場的銷量各占一半。新中易的業務規模很難擴大。一方面是因為一百五十公分的娃娃運送不易，必須裝在棺材似的大木箱裡。它們也不能折疊或塞在床頭櫃裡。「這些娃娃的確就是用來取代真實女人的，」何偉碩說。

廣州高級性愛玩具專賣店「枕邊遊戲」的程經理告訴我，一位顧客在購買一個新中易實體娃娃幾天後打電話問她是否有辦法把娃娃折疊起來。顧客解釋說，他和母親住在一起，母親非常討厭那個娃娃。「最後，他不得不和母親坐下來認真談，還說：『你聽著，我是單身的男人，肯定會有需求。難道你要我去嫖妓嗎？』這之後，」程經理嚴肅地說，「他母親便同意他把娃娃留下了。」

二〇一四年，馮文廣參與設計了一系列完全針對中國國內市場的中低檔性愛娃娃，這一系列的售價比較親民，大約是一萬八千元人民幣。娃娃的外貌比較簡省：睫毛和眉毛是畫上去，而不是用真的毛髮做的，娃娃的觸感也比較僵硬、柔韌性比較差。不過在昏暗光線中，那些娃娃的確跟真的女人像得恐怖，這有部分是因為它們的容貌被刻意做成某些東亞情色明星的模樣。高級型號某些受歡迎的特徵也保留了下來。

「乳頭非常強韌，」何偉碩邊說邊用力拉娃娃的乳頭示範。「一般的乳頭，」他說，「是禁不起這樣拉的。」

當然，新中易實體娃娃代表的市場極度小眾。但我認為，這是女性不足在中國導致的大趨勢當中的一部分，而這個大趨勢正透過對女性和女性主義日漸加深的敵意展現出來。

儘管性別比例失衡造成的壓力慢慢減少了社會對女兒的偏見，那種仇女的趨勢仍然不太可能消失。中國性別比例失衡雖然還是很嚴重，但在二〇〇四年達到高峰的一百二十一名男性比一百名女性後，便一直在緩慢消退。一些社會科學家認為，中國的性別比例會往正常水準靠攏，正如韓國等其他父權社會發生過的情形。現在中國表達出偏愛兒子的人確實愈來愈少了。二〇一三年，浙江大學的一份調查顯示，多數人都想要一個兒子和一個女兒。[35]在只能生一個孩子的情況下，二一%的人比較想要女兒，只有十三%的人想要兒子。其中部分原因是二〇〇三年由計生委發起的「關愛女孩行動」，目的是提高民眾對女孩重要性的認知。但是，中國所做的還遠遠不夠。

值得記住的是，一胎化政策凸顯了中國長久以來對女性的惡意偏見。取消一胎化政策本身並不會解決中國性別不平等的問題。我離開新中易公司後，前往祖先居住過的村莊造訪，那裡令我想起了這一點。

雖然曾在中國工作多年，我卻一直拒絕探訪方家祖先居住過的村子，也就是距離東莞只有兩小時車程的自力村。

我的反感源於自己的性別。我的祖父方文嫻在很久以前來到戰前的馬來亞，並且發跡致富。他還生了十八個兒子，我父親是第十六個。儘管方家在我祖父過世和日本人入侵後家道中落，但對家族血統仍深感自豪。我母親嫁入方家後，一連生了五個女兒，沒有兒子；方家人都一致認為，父親應該娶個更好的老婆。

有很長一段時間，我都因為年紀太小而不瞭解這件事帶給我父母婚姻的巨大壓力，或是加在我母親身上的重擔，尤其是在農曆春節這類盛大的家族聚會上。每到那些時候，我都因為可以和堂兄弟一起撒野而開心不已。我們假裝自己是強盜，揮舞著武器、天真地把自己的動作想像成凌空一躍和特技飛踢。玩這些遊戲時，我跟男孩一樣吵鬧粗魯，也認為自己跟男孩沒什麼不同。但有時候，我的祖母（我們稱呼她阿嬤）會打斷我們的遊戲，輕聲呼喚她當下最偏愛的孫子——永遠是我那些堂兄弟的其中一個——餵他吃糖，或者幫他擦擦汗。

我們姊妹從來沒有過這種待遇，還得小心翼翼和阿嬤保持距離，因為身材瘦小、皮膚慘白的阿嬤偶爾會伸出手，用力捏我們的肚子。這種消遣，她只留給我們這些女孩。

我父親對沒有兒子這件事從未釋懷，而且把氣都出在自己的孩子身上，不是毆打就是暴怒。這種憤怒可能要了他的命，他在五十七歲時中風倒下，再也沒有起來過。

所以，我並不是很渴望尋方家的根。在這個家族眼中，姓方的女性只是暫時的成員，早晚都要嫁到別人家，再也不是方家的人。

然而長期下來，我還是從去過自力村的堂兄弟口中聽到更多當地的事，也勾起了興趣。原來，自力村風景迷人，數以千計的塔樓散布在中國南方的平坦綠野上，甚至被聯合國教科文組織列入世界遺產名錄。

這些稱為「碉樓」的塔樓是令人讚嘆的奇特作品，設計靈感來自中國人在遠方工作時所見到的建築：融合了摩爾式拱門、科林斯式圓柱、拜占庭式圓頂和鋸齒牆。這些昔日的宏偉塔樓看起來本該十分花俏、有暴發戶的味道。實際上它們卻形成一道浪漫出奇的風景，讓人聯想到托爾金或格林兄弟筆下的世界。

後來我得知，祖父也建了一棟碉樓，叫雲幻樓。最後這一點給了我所需要的臨門一腳。參觀過性愛娃娃工廠後，我有些焦躁不安。還有什麼會比來一趟雲幻樓朝聖之旅更舒壓呢？

雲幻樓細高方正，頂樓是寬敞的露臺，視野極為開闊，四周圍著科林斯式圓柱。這棟碉樓看起來美麗而平靜，但是露臺圍牆上小小的箱狀縫隙——供步槍伸出去射擊用的——讓我想起，碉樓當初是為了防衛而建的。對那些從海外衣錦還鄉的中國人來說，這些碉樓象徵他們的財富與歷練，也見證了他們生活過的動盪年代。它們是抵禦這一帶眾多土匪流寇的堡壘，那些土匪就是那個年代最躁動不安的光棍。碉樓是垂直高聳的緊急避難室。祖父面對當時的動盪，倍感傷懷，於是作了一首詩，刻在雲幻樓上：

雲龍鳳虎際會常懷，怎奈壯志莫酬，只贏得湖海生涯空山歲月
幻影曇花身世如夢，何妨豪情自放，無負此陽春煙景大塊文章

離開雲幻樓後，我和一些自力村民談話，發現我在村子裡仍有一些親戚，包括一個堂兄。我們在他家坐下來，他給我看了家族的照片。我漫不經心地問他：「祖父有幾個女兒？」方家只有兒子才算數，所以我父親是祖父的第十六個兒子，卻不是排行第十六。我一直都不清楚我到底有幾個姑姑。

「一個，」他立刻說道。

「真的嗎？我記得至少有兩、三個姑姑。」

他去和其他親戚討論。他們知道祖父的第一任妻子生了一個女兒，這個妻子後來留在村裡當掌管碉樓的女主人。她裹著小腳，拒絕遠行海外。祖父的第二任妻子和他一起在馬來亞生活，祖父的孩子大部分是她生下的。她去世後，祖父又娶了第三任妻子，也就是我的祖母，她比祖父的幾個女兒還年輕。祖母在祖父晚年時，為他生了四個兒子。

過了一會兒，我堂兄回來了。「我們只知道一個女兒。其他的都不算數。因為她們出生在海外。」

一切都如我所料。自力村的方氏祠堂詳細記載了出生在遙遠異鄉的方家男性，連我那遠

在馬來亞的父親也包括在內，卻對女性隻字未提。這是一個很有用的提醒：在一胎化政策實施前，性別歧視早已是中國的一顆毒瘤。

但我發現方家可能還是有選擇性地記錄女性。祠堂中的族譜可追溯到十四世紀初的中國北方。根據家族歷史學者的說法，方家最早的祖先是一個大將軍，娶了皇帝的女兒，後來南下與蒙古人作戰。那名女性，倒是被記入了族譜。

7 好死不如賴活

研究臨終就像凝視池中的倒影。池中之水向我們反映出自己成了什麼樣的人。所以這個時機比以往都更適合問這個問題：我們成了什麼樣的人？

——克利希爾（Allan Kellehear），《死亡的社會史》（*A Social History of Dying*）

兩個人是不夠的，這才是問題。他一直認為兩個人剛剛好，也覺得自己會討厭生活在三人、四人或五人的家庭裡。但他現在懂得那種家庭的意義了：如果有人離開了，你還不至於無依無靠。

——尼克·宏比（Nick Hornby），《非關男孩》（*About a Boy*）

一

在春城昆明的一個七月早晨，馬克一如往常地在早餐時吃了雞蛋、喝了蜂蜜水以後，準時於八點二十五分開始巡查病房。

馬克在日記裡寫道，他才剛開始巡房「就出現一陣騷動。一名護士告訴我們，有三個病人情況很不好。」

三十分鐘後，三個病人都已宣告死亡。

他上班即將滿一個小時之際，死亡人數增加到了四個。

馬克發現自己不知不覺中安慰起一名「哭得淚水橫流」的病人。

為免大家認為馬克是一名糟糕透頂或者會帶來不幸的醫生，請容我說明一下：他是中國最著名的姑息治療（臺灣稱為安寧療護）中心——昆明市第三人民醫院關懷科的主任。馬克不負責治癒病人，他的工作是減輕病人的痛苦，讓他們最後的日子不會那麼難熬。這對原本以治病救人為天職的醫生來說，可能並不容易。

馬克多年來做了大量的臨床觀察紀錄，是安寧療護界的佩皮斯（Pepys，英國作家，寫下大量日記）。我猜他這麼做，部分原因是他以此做為自己的心理治療，還有一部分原因是人如何面對死亡這件事令他深深著迷。他的日記內容奇幻、諷刺，有時候則寫出他的苦惱。

多年下來，馬克對中國人衰老和臨終的狀態已經發展出他自己偏愛的理論。第一：中國近年的物質崇尚浪潮讓臨終變得尤其痛苦。第二：沒有後代的老人格外難受。這倒不是因為財務因素——「我這一代的人都有積蓄、有養老金。但是一個國家的年輕人這麼少，會失去創造力，」馬克說，「失去希望。」

正是這最後一點——不令人意外，但在這個實施一胎化政策的國家最為明顯——促使我找上他。

中國是全球人口最多的國家，老年人數量龐大或許不足為奇。然而，中國與眾不同之處並非老年人的數量，而是人口老化的速度。我的意思當然不是中國人老得比較快。這是比例的問題，中國退休人士的數量正在迅速超越勞工。

目前，中國的勞工對退休人士比例是五：一，這個比例讓中國的經濟計劃者很欣喜。有大量具生產力的勞工納稅支付退休人士的開銷。但是二十幾年後，中國這個吸引人的五：一比例會變成一・六：一[1]，這個比例在經濟學上就如同口蹄疫那般令人避之唯恐不及。這意味著稅收來源縮減、消費者支出變少，以及生產力全面降低。這種轉變——老年人增加，年輕人減少——幾乎世界各地都在發生，因為現在的我們活得比一個世紀前的人還久，而且生育子女的數量比他們少。

即使是這樣，這種邁向高齡化社會的轉變在西方也經歷了五十年以上才形成。西方各國因此有較多時間來為老年生活儲備經濟和社會資本。（很多人可能認為就算是這些準備也依然不夠充分。）在中國，高齡化的轉變只要一個世代後就會出現，儲備卻是空虛得令人感到悲哀。

這種高齡化的轉變是兩件事情同時發生的結果：人口壽命延長、出生人口減少。第一件事與一胎化政策毫無關聯；第二件事則與之息息相關。由於實施一胎化政策，中國的高齡化轉變將如海嘯一般，以前所未有的飛快速度造成巨大的衝擊。

到二〇二〇年代中期，中國每年會新增一千萬高齡人口，同時會失去七百萬名成年勞工。中國大批領取養老金的退休人士已經造成資金缺口了：二〇一三年，養老金的赤字已達到十八·三兆人民幣，占GDP的三〇%以上，而且還會繼續擴大。[2]中國三十一個省分中，有半數無法支付退休人士的開支，不得不靠中央政府紓困。[3]

在一胎化政策可能導致的所有負面後果中，這一項是我們可以親眼目睹到的。我們不知道中國的性別失衡是否會導致國家變得更好戰，或者令國內變得更混亂。我們無法確定中國的小皇帝世代是否會讓這個民族變得悲觀、自我、缺乏冒險精神。我們甚至不能確知一胎化政策對中國未來的經濟成長會造成多大阻礙。

我們確實知道的是，中國的廣大勞工會在沒有災難性傳染病和戰爭的情況下逐漸老去。這意味著到了二〇五〇年，中國每三個人就會有一個超過六十歲。《當世界又老又窮》（*Shock of Gray*）的作者費雪曼（Ted Fishman）寫道：「如果中國的老年人自成一國，他們將會是在印度和中國本身之後的世界第三大國。」[4]

二

母親在我們家的客廳裡面擺放了三尊瓷製的神像。福、祿、壽三仙自然沒有一．五公尺高的紅木神桌上擺放的觀音、釋迦牟尼佛和祖先牌位那麼重要。

我小時候，這張神桌比我還高，桌上滿是鮮花、香火和水果。我總會把這種豐盛與體罰聯想在一起，因為我每次犯錯、得到懲戒後，都得在神桌前罰跪，雙手還要擰著耳朵。於是我自然而然變得憎惡這一切：香火、祖先，甚至是觀音似笑非笑的平靜面容。福祿壽看起來還比較順眼，小小的瓷偶高度大概與我的前臂相當，就是一個小孩從指尖到手肘的距離。那三尊面容和藹的神像各自擺放在一個木櫃頂端，每尊都有自己的小基座。我不用對著祂們罰跪。三位神明從來沒有鮮花相伴，不過祂們依然佇立在那裡，昭示著俗世人生所能渴望的一切。

福神與祿神都是長袍飄然、面留黑髯的君子，難分彼此。壽神最容易辨識，是一位額頭圓凸凸的光頭老者。幫壽神戴上一頂紅色絨線帽，祂就可以當和藹可親的中國版聖誕老人了。

縱觀今日的中國，在福祿壽三者中，最弱的大概就是壽了。

畢竟，現在全部的人都能輕易達到長壽，只有少數不幸的人除外。中國人的平均壽命是七十四歲，與二戰時期僅有三十九歲相比，是很大的躍進。

最短暫難料的福，依然受人熱烈追逐。祿也同樣令人嚮往，因為將來中國龐大的老年世代不會有什麼社會保障。沒有人想要有壽而無祿，但是中國幾乎一定會不祿而壽。

中國會「未富先老」，現在已經成了一句老話。我聽過這句令人沮喪的預言從經濟學家、學者、政治人物和街上的普通百姓口中說出，語氣中充滿無奈和屈從。似乎沒人對這種希望消逝的狀態感到憤怒。正如中國的俗話所說，那樣不過是在對牛彈琴、白費工夫。未富先老這件事讓人覺得不可逆轉、無法避免。鄧小平的經濟改革也許讓五億農民脫貧了，但一億八千五百萬的退休人士當中，還是有四分之一每天只能靠不到六塊錢人民幣過活。[5]中國人口趨向老化，是一種第一世界會面臨的問題，但是中國尚未達到第一世界的富裕程度。這個國家雖然已經成為世界第二大經濟體，人均GDP卻只有韓國的六分之一、美國的九分之一。

當然，有些人在中國的銀髮潮中看見致富的機會。王燕妮在摩托羅拉公司擔任高級主管時，有了創立中國版美國退休人員協會（American Association of Retired Persons）或英國薩加保險集團（Saga Group）的想法。這家公司要為富裕的中產階級退休人士提供一系列的生活休閒服務，例如舞蹈、旅遊、電腦課程等。她還打算開辦現代育兒課程，對象是寵愛孫兒的祖父母。

王燕妮撰寫的營運計畫贏得了羅蘭貝格獎，這是英士國際商學院（INSEAD）頒發的獎項，對象是該學院最具企業頭腦的學生。

她把自己的心血結晶命名為「青松」。「我想要取青松這個名字，是因為青松的松跟放鬆的鬆同音。我不想取傳統壓抑的名字，像是『夕陽紅』之類的。」王燕妮說。

王燕妮現年三十幾歲，但是清爽的外表及淡褐的膚色讓她看起來比實際年齡還要年輕。她態度從容，講起話來擲地有聲，讓人想起小時候每次都會當選班長的那個女孩，有一種超越年齡的成熟，是人生勝利組。實際上，她也的確如此：在關愛備至的大家庭中成長、攻讀經濟學、找到了理想的另一半，而且在摩托羅拉公司是前途無限的高級主管，後來又進入商學院。她在英士國際商學院的教授會頒給她羅蘭貝格獎，並不是因為她的營運計畫無懈可擊，而是因為他們相信能力卓越的她一定會實行這個計畫。

二〇一三年，我在王燕妮辦公室附近的一家素食餐廳和王燕妮見面時，她的人生目標似乎只剩下兩項還未完成：生孩子和發展「青松」公司。

王燕妮把青松公司最初的理念建立在一個看似穩健的前提之上。在中國，從退休到罹患末期病症經歷的時間可能比全球其他地方都還要久。男性六十歲退休，女性退休年齡則早至五十歲，遠比其他國家的同齡人士還早，令人難以置信。

王燕妮認為，這一大批退休人士會需要方法來消磨大把的閒暇時光，而她打算滿足這個需求。二〇〇四年，青松公司開始營運，會員每年要繳交大約一萬人民幣的會費。她預計公司的營業額會在二〇〇八年之前達到六十億人民幣。

但是青松公司徹底失敗了。兩年後，公司僅有兩千名會員，這還是王燕妮數度大幅削減會費後的結果。

「大家都很喜歡青松，但是都不願意花錢。我們的服務被歸為『有了也不錯』的事，卻不是必須的。」王燕妮說。

她和其他著眼於中國廣大退休人士市場的企業家一樣，面臨一個令人灰心的事實：市場很大，但是中國的退休人士就是不願意花錢。美國的退休人士在戰後景氣繁榮的年代發展成功，認為自己有資格盡情享受晚年；中國人則不同，他們自日本侵略後經歷過接連不斷的危機，擁有的資源較少，王燕妮說他們固有的心態也不同。「他們希望把錢省下來，留給子孫。」

於是她回到原點，並且問自己：「中國的老人要什麼？」

答案出乎意料地簡單，而且極可能和其他地方一樣。中國老人希望住在家裡，盡可能維持自己的生活方式和獨立。更重要的是：他們的孩子——其中很多負責支付父母的大部分開銷——也希望這樣，因為在中國尊崇儒道的社會中，將父母送進養老院仍然會惹人非議。

居家療護在中國主要仍是民營業務，不像在其他國家是由政府部門和保險共同出資經營。中國的保險公司目前有推出一些老人醫療照護方案，但都是針對現年四、五十歲的人，因此這些產品主要還停留在理論層面。中國現在需要居家療護的群體大多是六十五歲以上，而他們普遍是自費支付這種服務。

二〇一〇年，王燕妮重啟青松的營運，提供居家護理服務。每次到府服務只需支付一百到八百塊人民幣不等，以西方標準而言簡直低得可笑，青松會有專人負責電訪、監控用藥和指導物理治療。青松的專人與西方的家庭看護不同，都是受過專業訓練的護士和治療師，有時候甚至是醫師，他們不負責做飯或打掃。

公司的業務迅速成長。二〇〇九年，青松康護的會員人數是二萬名。重新營運兩年後，會員人數已經成長了不只一倍，達到五萬人。到了二〇一五年，這個數字已經躍升為十七萬，青松也將業務擴展到了上海。王燕妮說，青松在二〇〇九年收支是打平的，目前已處於盈利狀態。她計劃把青松擴大成全國性的加盟事業。

但是青松並不具有壓倒性優勢。由於單筆交易金額很低，所以王燕妮必須把量做大。要掌控一個龐大的機動性工作團隊，需要有良好的管理技巧，才能確保服務水準穩定。有利的方面在於青松不太需要花錢建設高級的基礎設施，王燕妮因而得以迅速擴展公司業務。

「這並不是什麼深奧的事，」她笑著說。但是儘管王燕妮表現得再怎麼謙遜，她還是雄心勃勃。她正在遊說政府提供資金，並且想將青松的服務擴展到市郊地區。她希望青松最終能夠服務五百萬名老人。「整個世界都在老化。我希望中國可以提供一些優雅處理這個問題的辦法。」王燕妮說。

那些辦法是什麼，還不得而知，因為青松的模式——相對便宜且受過專業訓練的大量人員、高密度的人口——似乎是中國特有的。我在隨同一些青松的護士進行到府服務時，對這一點有了些許瞭解。

某個夏日，我在朝陽門地鐵站和高護士碰面。為了控制成本，青松的護士赴約進行到府服務時都搭乘大眾運輸系統或騎自行車。這在面積龐大、交通堵塞的北京並不容易，行程需要聰明的安排。

高護士二十五歲，膚色黝黑，是土生土長的江西農村人，在青松工作已經三年了。我們來到附近一棟沒有電梯的五樓公寓。我們就把病人稱作老陳吧，他是七十三歲的退休政府官員，患有早發性帕金森氏症和第二型糖尿病。

進入公寓前，高護士套上印有青松商標的薄荷綠外套並戴上同樣是綠色的護士帽。她還穿上塑膠鞋套，也遞給我一雙。

老陳和他妻子住在一間寬敞的一房公寓，還有一個灑滿陽光的陽臺。十二歲的孫子正在客廳玩電腦遊戲。老陳說話很慢，但很愛聊天。高護士為他量血壓時，兩人聊起他的女兒，還說現在城市人都比較想生女孩了。老陳向我提起他的姪女，她在新加坡有份好工作，也有自己的公寓，卻還沒結婚，讓她母親很擔心。

高護士的醫療服務態度顯然很好，在協助老陳做一系列手部運動的同時，還談笑風生。老陳坐在輪椅上，高護士幫他按摩上半身。後來他們轉移到床上，高護士幫他做了一系列擡腿和舉手運動。復健結束時，老陳大口喘著氣，身上也大汗淋漓。高護士鼓勵他：「再努力些，您能行！」

這樣老去看起來也不錯。老陳的妻子依然健朗，可以幫忙照顧他。他們的兒孫都住在附近。雖然爬樓梯有些麻煩，但房子位於北京市中心，離好幾家醫院、商場和地鐵都很近，十分便利。更重要的是，這個公寓社區是老陳以前工作單位分配的，所以鄰居都互相認識，是城市中的一個村落。每個人都熟知彼此的情況，所以高護士走進公寓的時候，有個經過的鄰居跟她打招呼：「又來按摩了呀？」

我們坐上公車前往下一個客戶的家。一路上，高護士都在向我介紹她的工作內容。她以前在一家醫院工作，每天要照顧數百個病人。「當時很辛苦。我當護士是因為想幫助人，但日子久了，病人也就只是很多的軀體罷了。」（中國大醫院大排長龍的現象非常特殊，雇人幫忙排隊也成了常態。）

現在她每天最多只看六個病人。很多人都是老客戶，像老陳就已經讓她治療八個月了。

她得以認識病人的家屬、瞭解他們的習性，看到病人有些許恢復和進步的時候，也會引以為傲。她的病人會邀請她參加孫子孫女的婚禮，農曆春節也會包紅包給她。值夜班和假日工作都成了過去的事。她說，她已經無法想像回去做醫院的工作了。「我喜歡能夠經常見到我的客戶。我能看到自己創造了改變。」說到這裡，高護士眉開眼笑。

跟隨高護士進行的頭幾次探訪，似乎印證了我對中國城市退休生活的整體感覺。在任何一個工作日的早上十點到正午那段時間，到任何一個公園去逛逛，離開時都會覺得中國城市的退休生活其實是件不錯的事。由於早早就強制退休，大把閒暇時間隨之而來，因此公園裡滿是退休人士在參加怡情養性的活動：跳舞、打太極拳、比劍、放風箏，還有我最喜歡的活動：這是一種老人塗鴉，他們以清水和毛筆在人行道上寫書法，字跡乾掉後不會留下痕跡。

有一次，一個朋友的父親帶我去看他在公園裡表演柔力球，這種備受退休人士喜愛的遊戲結合了太極拳和長曲棍球的原理。他用一把有橡膠軟面的球拍，把有重量的球拋給同伴，對方接住球後，有如蘇菲派修士那樣旋轉身體，然後再把球拋回去。柔力球與其說是一項球類運動，更不如說是一種舞蹈。它是在一九九〇年代由一名大學教授發明的，目前有數十萬擁護者，而且不只是在中國。

跳廣場舞的退休人士實在太多，地方政府還因此設法限制他們的大音箱發出的噪音。受到干擾的居民曾對這些肆無忌憚的「廣場舞大媽」（地方媒體給她們的稱號）惡言辱罵、丟水球，有時候還丟糞便，卻都徒勞無功。「大媽廣場舞」甚至成了一種競技運動。在距離朝鮮半島不遠的佳木斯，當地人還創造了屬於自己的風格，戴著米老鼠的白手套表演各種手和腰部配合的動作，結果在中國各地的老人啦啦隊競賽中受到廣泛模仿。

公園和宜家家居賣場的餐廳也成為單身退休人士的熱門聚集地點。在北京的天壇公園，不是只有做父母的在為自己成年的孩子張貼單身廣告尋找對象；老年人現在也為自己找伴。老年尋偶活動的其中一個主辦者滕德恩，給我看了他每週日都帶來公園的厚厚一疊交友廣告。年齡介於六十到八十五歲之間的會員花五塊錢人民幣，為自己刊登單身交友廣告。他們通常會列出年齡、血型（據說能用來預知性格）、生肖，以及是否擁有至關重要的北京戶口。

這種對戶口所在地的重視，在年輕的單身群體中很常見。我沒想過戶口在哪裡對於子女都已成年的老年人，會有這麼重要。當然，是我思慮得不夠周全：醫療福利是和戶口狀況捆綁在一起的，城市市民享有的醫療補助範圍比只有居住證的農村人民還要大。

做媒的滕老先生本身是個脾氣暴躁的離婚人士，他也在為自己尋找新的老伴。他唯一的女兒住在美國，他說過了六十歲以後再婚，已經愈來愈被社會認可了。「誰願意孤單死去呢？」

這個自給自足、充滿活力的景象是中國高齡化現象最廣為人知、也最有魅力的一面。然而中國的高齡化還有另一面，無疑是被隱藏了。有一次我和青松公司的高護士一起出勤時，訪視了一名八十幾歲的獨居女性，她患有嚴重的糖尿病和早發性失智症。高護士的客戶幾乎全部都自費治療，但是這個女人每週一次的治療費用都是市政當局支付的。

我們一走進那棟樓裡，就聽見電視發出的吵雜聲音。高護士使勁拍門，喊著：「奶奶，奶奶，是我，小高！」

沒人應答。

高護士拿出自己的手機打電話給她，並且低聲對我說：「她耳朵有點聾。」終於，門開了。一個面色蒼白的老婦人從黑暗中露出臉孔，漠然地看了看我。她轉過身，拖著腳步走回電視機前。接下來的時間裡，她的視線完全沒有離開電視。

電視上正在播一部泰國的肥皂劇，高護士說那是老奶奶最喜歡的節目。流產、逐漸從昏迷中恢復知覺的病人、破產，這些情節在螢幕上迅速鋪陳開來。高護士用力揉捏老人的手腳，同時不斷對她說話，但最終還是漸漸沉默下來。關於她飲食、日常習慣、鍛練模式、排便狀態的問題，全都沒有得到回應。

在這段過程中，電視上閃過的廣告似乎都是針對年輕族群：奶粉、甜食、手機、汽車。老年族群對中國的商人而言似乎已經死去，真是悲哀。我沒有看到成人尿布的廣告，但是中國即將超越日本和美國，成為世界最大的成人尿布市場。

老婦人家在一樓，看起來像一個洞穴，而電視就像篝火，火光映照在這個女人動也不動的臉上。空氣中充滿汙濁的香菸煙霧，薰成褐色的牆壁透著水漬。牆上沒有字畫，只有一本兩年前的日曆和一張裱框的棚拍人像照。照片看起來很假，藍天是人造背景，人的面容也經過修圖。兩個中年女人和一個男人，頭髮都很整齊，都露出不深不淺的笑容。我心想那一定是她的家人。高護士悄悄叫我不要問。「他們都不來看她。」她說。

廚房的餐桌上還有剩下的飯菜、餅乾和柳丁。柳丁皮整齊地切成四瓣，餅乾包裝袋宛如魔術方塊一般，被摺成許多小得不能再小的方塊，每一道摺痕都像用熨斗熨過一樣明顯。我想像起這個女人坐在黑暗中一遍又一遍摺著餅乾袋，摺上好幾個小時的樣子。

家訪只有一小時，卻如永恆般漫長。從那棟樓出來後，我覺得自己就像柏拉圖筆下的穴居人，被久違的陽光照得看不見東西。

就連開朗的高護士也顯得神色黯淡。

「你會不會覺得你是她一整週唯一見到的人？」我鼓起勇氣問。

「不會，但我是唯一跟她有肢體接觸的人。」她傷感地說。

三

美國醫生葛文德（Atul Gawande）在他的著作《凝視死亡：一位外科醫師對衰老與死亡的

思索》（*Being Mortal*）中談及美國的臨終照護。他說，多數人都不想在機構式照護下喪失尊嚴和自主權。儘管我們在《黃金女郎》（*The Golden Girls*）那種電視劇中看到的老年生活愉快而獨立，儘管退休社區中有太多老人照護服務能輔助老人生活，但是葛文德斷定：「你能避開養老院的機會有多大，和你有幾個孩子直接相關。」[6]這對中國來說是壞消息。

共產黨造成的最大破壞之一，就是對中國家庭結構的打擊。毛澤東意識到只有讓人民把國家利益置於家庭之前，革命才有可能成功。共產主義在五十年間剷除了中國社會極度以氏族為本位的根基，於文化大革命期間煽動年輕人造父母的反，並且不准祭祖。一九八〇年共產黨推出一胎化政策，則是最致命的一擊。

現在，面對不斷攀升的離婚率和即將到來的退休人士大爆炸，中國的領導人領悟到他們必須重建當初這個國家曾企圖摧毀的家庭秩序。一九九六年，全國人民代表大會通過了子女必須扶養年邁父母的法律。二〇一三年，北京進一步立法，規定老年父母的子女必須經常探望他們。這樣的法律執行起來很困難，但立法行為本身傳遞了一個明確的訊息：國家做不到的，家庭必須做到。

不幸的是，有些傷害可能難以復原。拿養老院來說，在葛文德所在的美國，有孩子也許能讓你不用進去那種地方。在中國，沒有孩子卻可能讓你進不了養老院，失獨父母現在發現這無異於在傷口上撒鹽。很多養老院拒收失獨夫婦，因為他們沒有兒女來授權養老院進行治療，或者擔任付款保證人。這種歧視似乎已經擴及身後之事：有一些失獨父母抱怨說，墓園連埋葬的墓地都不肯賣給他們，不管是給他們自己的，還是給已故兒女的，因為對方擔心日後沒有人支付墓地的維護費用。[7]

失獨父母目前有一百萬名，並且還在繼續增加。[8]他們向北京請願，提出了一長串要求：提高賠償金、優先領養權，以及反映他們退休金、醫療與喪葬需求的補助方案。他們主張——而且理由很充分——北京既然透過對超生的父母罰款而獲利，就應該補償那些遵守法規、卻因獨生子女死亡而失去重要經濟保障的家庭。這個論點的邏輯帶有所羅門王式的智慧，也令人心碎。

北京的回應是小幅提高賠償金額，但對其他要求並未多加理會。（失獨賠償方案開始得很晚，到了二〇〇七年才實施。目前，失獨父母每月能獲得一百到三百塊人民幣的賠償金。）[9]

舉例來說，失獨父母曾要求設立能夠滿足其特殊需求的養老院。其中一個理由是懇親日。「看到其他人和家人在一起……實在是受不了，」一個失獨家長說道。

二〇一四年，廣州的一名立法者提案建議用社會撫養費為失獨父母設立養老院，但是毫無進展。當局表示，他們需要社會撫養費來支付現有的政府花費。

四

媒人滕老先生和高護士這樣的人讓我對中國城市的高齡化有了些許瞭解，但這只是故事的一半而已。嚴格來說，是故事的六成。其他的中國人住在農村地區，而農村的狀況無疑更讓人沮喪，因為中國農村和城市之間的差距，有如天壤之別。

從各方面來衡量，中國農村老人的教育程度比較低，經濟條件也比較差。另外，他們沒有家人扶養的可能性比較高，因為中國從來沒有發生過像現在這樣的年齡隔離現象，老人困在農村、青壯族群則居於城市。

最有可能聽到老人受虐這類悲慘故事的地方就是鄉下，讓百歲老母住在豬圈裡的農民陳守田即為一例。陳守田自己住在有六間臥室的房子裡，卻跟當地電視臺說，他母親比較喜歡住在另一棟用煤渣磚搭成的小屋，跟一頭大母豬共處一室。[10]還有張喆芳，九十四歲的她以虐待為由將兒女告上法庭，寫下了歷史。村民宣稱她被鎖在黑暗的房間裡，遭到擰掐和掌摑，還被逼清倒自己的排泄物。她的故事悲哀之處在於這種事在中國農村司空見慣：她營養不良、早婚，子女也都是老年人，處境和她一樣悽慘，只能靠子女輪流施捨的慷慨度日。[11]

既然如此，在中國整體自殺率迅速下降的情況下，農村老年人自殺案件卻日益增多，或許就不令人意外了。

雖然大多數城市居民都有養老保險，但農村居民只有大約四分之一適用於養老保險方案。很多人必須一直工作到做不動為止。醫療資源稀少，也很不完善。沒有人比年近七十的赤腳醫生肖鶴壁更瞭解這一點。「赤腳醫生」出現於一九七〇年代，這群受過部分專業訓練的農村醫生，在降低新生兒死亡率和抑制傳染病散播的工作中扮演了重要角色。因為有他們的幫助，中國成為最先根絕天花和小兒痲痹症的國家之一。但是，中國在一九八〇年代投入市場改革之後，許多公共醫療服務的資金來源遭到取銷，包括赤腳醫生。醫療費用暴漲，許多鄉村醫生也不再看病。赤腳醫生已經所剩無幾，肖鶴壁是其中之一，她還打算一直行醫到最後一刻。

肖鶴壁的理由很直白：儘管她已經在她的聚落服務四十幾年，卻沒有領取退休金的資格。更重要的是，她知道如果自己不做了，這個位於四川山上的小地方不太可能找得到人來接替她。

「在我之後，就不知道還會不會有人來做了。」她說。

我在肖鶴壁位於磐石鎮的診所跟她碰面。診所附近有一座採石場，那裡盡是搖搖欲墜的崖壁，下方就是稻田。過去四十年來，肖鶴壁經常摸黑在這些陡峭的地區來回跋涉，執行夜間出診，每次出診費用還不到六塊錢人民幣。

她白天通常都在診所裡。我見到她那天，她身著飾有銀色亮片的花襯衫，腳穿擦得雪亮的皮鞋，正在幫一名流感病人打點滴。牆上掛著兩位中國醫聖的畫像：《備急千金要方》的作者孫思邈和《本草綱目》的作者李時珍。

然而，肖鶴壁幾乎不和中藥打交道。在她廢棄不用而布滿灰塵的空蕩蕩配藥室一角，有一個古色古香的櫃子。櫃子上有一百多個以前用來存放草藥的小抽屜。肖鶴壁說，中藥對現代的需求來說太複雜太昂貴，見效也太慢。因此，她開給病人的都是放在一個玻璃門櫃裡的維生素C注射液、撲熱息痛、盤尼西林和安莫西林。她就是這樣為一名剛剛才揮著草帽走進來、抱怨天氣太熱的病人開藥。

「這裡太熱了！至少裝臺電扇嘛！」病人大聲說道。

她在長沙發的一端坐下，愜意地問正在打點滴的病人：「你怎麼啦？」

流感病人睜開眼睛咕噥道：「流感。」

肖鶴壁幫第二個病人開了兩天份的止痛藥，每顆藥都俐落地包在白紙裡。女病人拿一張五塊錢的鈔票給肖鶴壁，她也找了錢。

赤腳醫生最風光的時候，肖鶴壁幫人接生過孩子，接過骨，也打過疫苗。但是她已經十多年沒幫人打過預防針了，現在接生的也只有家畜的小寶寶。她的病人幾乎全都是六十歲以上，得的也都是老人常有的毛病，例如高血壓、糖尿病和失智症。對於這些疾病，肖鶴壁並沒有受過相關的醫療培訓，也不知道如何用藥。

二〇〇八年，肖鶴壁的一個親戚罹患癌症。他被送進醫院，在院裡住了一個星期，但是沒有如醫生預期那樣死去。後來家裡再也負擔不起愈積愈多的醫療費用，他就回家了。肖鶴壁每天都一手撐油紙傘、一手拿手電筒，爬兩次陡峭的山路去看他，還要踉蹌地走在被夏季雨水弄得溼滑的小徑上。她為病人注射混合了止痛藥和抗生素的點滴。為了幫他補水，她用沾水的棉球溼潤他的嘴唇。肖鶴壁自豪地說，這個病人還活著。

農村居民近年來已經可以取得醫療補助，但是給付範圍仍然很有限。中國很晚才實施全民醫療保險，但其成長非常迅速。醫保於二〇〇八年開始實施，一項針對農村居民的醫療保險制度也在同年開始推行。在這個制度下，磐石鎮的每個居民每年都繳交七十塊人民幣的保費。不過，有很多磐石居民抱怨醫保的給付比例太低，自費部分偏高。

這跟醫保開辦前的二十年相較，依然是很大的進步。在那段時間裡，社會主義的基礎體制逐漸廢除，造就極度資本主義化而以盈利為目的的醫療體系。如今，磐石鎮的居民都加入了大病補償保險，但是保險與戶口綁在一起，所以老人如果搬到遙遠的城市和兒女一起住，就很難繼續享有醫療給付。此外，如果一個人又老、又窮、又住在偏遠地區，那麼連拿藥這種簡單的問題都會變得難以克服。舉例來說，醫生一次最多只會開一到兩週份的止痛藥，所以磐石鎮的生病老人必須經常前往最近的大城市達州。肖鶴壁說，達州要搭兩小時的公車才到得了，花錢又累人。

肖鶴壁每天早上五點打開診所的門，傍晚時開始到病人家裡出診。她把午夜的時間留給文書工作，凌晨兩點上床休息，就睡在診所的一個房間。她的三個子女都曾要她退休，或者至少把嚴苛的時間表排鬆一點。「可是我還能做什麼呢？」她坐在桌子上，理所當然地說。她搖晃雙腳，讓人注意到那雙閃亮的皮鞋，好像在說：「什麼？我？赤腳？」

你可能會料想，像孝順這種支撐起老人保障的觀念，在農村居民中會比較強烈，因為他們應該比較傳統才對。但是人類學家閻雲翔說，孝順的觀念實質上已經瓦解了。閻雲翔在中國北方的一個小村子進行了長達十餘年的田野調查。按照他的解釋，父母權力的基礎是「恩情」的觀念——父母給了孩子生命，所以孩子欠父母的恩情是永遠報答不完的。父母地位崇高的原因也包括村落的親屬制度，以及祭祖等宗教儀式。共產主義和一九八〇年代的物質崇尚基本上侵蝕了這些信仰，並導致閻雲翔所謂的「父母身分的去神祕化」。「人類繁衍是神聖使命的觀點，已經不再為年輕的村民所接受了，」他寫道。[12]

當今父母權力遭到侵蝕的最大原因，或許是經濟方面的。子女對繼承家產的期待，以往都能有效保護老人，讓他們不會受虐。但是土地改革和集體化意味著現在的農村老人已經沒有什麼財產可以留給子女。

肖鶴壁表示，磐石鎮最有安全感的老人是幫忙照顧孫子孫女的那些。「這樣他們才會覺得自己有用。他們知道只要自己還能幫忙看孩子，兒女就會繼續寄錢回家，」她說。她也聽說過有些老人被子女叫到城裡照顧孫子孫女。「那些人過得很不開心。他們誰也不認識，城市裡環境又髒，」她說，「現在我們的孩子都成了老大；我們什麼都不敢說，就怕惹他們生氣。以前可不同，你活一天，孩子就得聽你一天。」

突然間門鈴響了，一個小男孩跑進診所。

「婆婆，婆婆，把櫃子打開，」男孩氣喘吁吁地說。

肖鶴壁打開一個上鎖的抽屜。

我不禁納悶這孩子為何這麼著急。是被割傷了？還是拉肚子？

男孩在抽屜裡摸索了一會，拿出一根棒棒糖。他遞給肖鶴壁一張髒汙的鈔票。又有別的孩子跟了進來，肖鶴壁很快就開始忙著收錢。我注意到，放糖的櫃子和放藥的不一樣，放糖的有上鎖。

「呀，你做的事情真多，又幫人治病，又開糖果店，」我驚嘆道。我本來是想誇讚她，但她尷尬地移開了目光。

「我負責療癒別人。」她輕柔地說。

五

為什麼我會將中國高齡化的狀況看得如此慘淡呢？畢竟，除了放寬一胎化政策以外，中國還可以採取其他措施來改善人口老化變遷的情形，其中也包括提高退休年齡，以及改革已經過時的退休金制度。這些措施有的已經開始實施，或者可能很快就會實施了。

毫無疑問，中國的社會保障體系也在迅速成長。二〇一一年，農村養老金計畫只適用於四分之一的農村人口。到了二〇一三年，適用者擴展到了半數，二〇一五年則達到四分之三。中國直到二〇〇九年才開始認真推行醫療改革，但醫保制度發展得很快；過去五年來，醫保給付的比例迅速提高，自付額則明顯減少。[13]

儘管如此，前景仍不容樂觀。有兩件事可以讓晚年好過些：一是在你不能繼續工作時，有錢可以換來舒適的生活、支付醫療費用和購買必需品；二是有家庭或家庭的替代品，能夠給予情感的支持和關懷。這兩種資源在當今的中國農村都不穩固。

要讓中國的老人有安穩愉快的晚年，這個國家的經濟必須持續蓬勃發展，以賺取足夠資金來滿足老人醫療照護和退休金的需求。但是中國的經濟成長正在放緩，而人口老化也會對成長有明顯阻礙。戰略與國際研究中心的一份報告將這種環境比作一輛「加速的自行車，不能停，否則就會倒下」。中國的高齡化問題令經濟成長更加不可或缺，卻也更難實現。這份報告還指出，在中國三十餘年的經濟改革過程中，工作年齡人口的增加平均每年讓GDP成長率提高了一．八個百分點。到了二〇三〇年代，工作年齡人口的縮減將會導致GDP成長率每年降低〇．七個百分點。[14]

至於家庭方面，中國做得太少、也太遲了。一胎化政策已經放寬為二胎政策，但是小孩需要時間成長，才能成為勞工。就連這個重大的政策轉變，也無法緩和這方面在未來二十年會有的問題。

一胎化政策大量減少了中國老人照護者的數量，而且減少的不只是量，還有質。中國現在女性較少，乃至於兒媳婦也減少了，而她們才是真正照顧老人的人。

六

昆明市也許是中國最適合生活與終老的城市之一。這座城市位於中國南方，接近越南和緬甸，但是不像那些地方那樣悶熱，因為它地處海拔二千公尺的高原，與加州的太浩市近似，冬暖夏涼。這樣的高度也避開了瀰漫在中國絕大多數省會城市的霧霾。在我去過的中國主要城市中，只有昆明藍天常在。

馬克所在的昆明市第三人民醫院關懷科因設立時間最早且規模最大而聞名。這個中國最著名的姑息治療中心開設於一九八六年，當時只有六個床位、兩個醫生、一個護士。現在那裡有七十個床位，而且二〇一五年擴建完成後的床位，會比原來的四倍還多。即使以中國標準來衡量，這些數字也頗為驚人。在中國，有十個安寧療護的床位就已經高出標準了。

然而在中國身為首屈一指的安寧療護機構，也只是當個矮人中的巨人罷了。在經濟學人智庫所做的一項臨終關懷品質排名中，中國幾乎在每一項指標——品質、費用和可得性的排名都是倒數的。

這個姑息治療中心不顯眼地隱蔽在一家綜合醫院中，醫院是很方便的偽裝。在這個崇敬福祿的文化中，談論死亡很不吉利。這導致中國人對與死亡沾得上邊的事物都很忌諱：數字「四」就是一例，因為「四」與「死」諧音。眾所皆知，安寧療護機構附近區域會爆發激烈抗議。舉例來說，一九九〇年代末期，北京松堂關懷醫院附近的居民就在半夜砸碎醫院的窗戶，將近百名垂死的病人驅趕到大街上。[15]

馬克身材纖瘦、充滿活力，是回族人。（回族是中國人數最多的少數民族之一，族人為穆斯林。昆明位於古代絲路沿線，因此有大量回族人。他們大多已經不再嚴格遵守穆斯林風俗，但是這樣也好，因為齋月封齋等習俗已遭習近平政府禁止。）馬克原本是神經外科醫師，但是「中國的外科醫生太多了，很難出人頭地」。他看見開創先河的機會，便轉入安寧療護領域。已經為自己建立起名聲的馬克，接下來打算將他的日記集結出書，書名是《在天堂門口》。

在馬克的姑息治療中心，有一個房間最能代表這個想像中的門口，那就是停放遺體的房間。這個房間位於大樓一個人流密集的區域，被命名為「蓬萊閣」；蓬萊山在中國神話中的地位大約等同於西洋神話的奧林帕斯山。傳說這座山上住著神仙，無疾無苦，酒食無窮，桃花盛開。

但是，這裡的蓬萊閣沒有什麼仙氣。房間裡有一個類似祭壇的壁龕，上面掛的神像中，神明的身分不明，幾乎可以代表任何宗教。壁龕兩側是一副哀傷的對聯：

明月春風何其在

桃花落水去無蹤

我望進房間裡，看到一具身著白衣的屍體。工作人員告訴我，往生者是穆斯林，死後按照習俗以白布裹身。在其他時機，「蓬萊山」也可供道教法事或佛教誦經使用。

這個房間並沒有非存在不可的理由。醫院本身已經有太平間，遺體被家屬領回之前可以停放在那裡。馬克說，蓬萊閣滿足了一種需要。「有時候，我們這裡一天死一個人，家屬會不知如何是好，」他表示，「我們國家沒有制度化的宗教信仰，但是有很多種喪葬習俗，能夠讓生者安心。」

蓬萊閣的存在，當然還是有個比較實際的原因：這個房間租給當地的一家葬儀社，是關懷科的一個重要收入來源。中國大多數的醫院部門——腫瘤科、小兒科等——都是營利單位，收入有部分取決於開出去的處方數量。醫務人員的獎金視這項收入而定，金額往往能達到或超過他們的底薪。對關懷科的工作人員來說，這方面的收入自然很有限，因為他們開不出什麼能治病的藥物給臨終病人。一名行政人員說，這是他們招攬不到醫務人員的原因之一。蓬萊閣能幫他們增加資金。

但是，蓬萊閣還有另一重影響。死亡不再是一個被掩藏起來、不見天日的話題，而是有了一席之地。

我在與馬克及其他醫生和病人的交談中發現，老人對關乎自己醫療照護的決定，往往做不了主。醫生通常會將病人的病況告訴家屬，讓家屬自己跟病人說。或者不說。如果病人家屬希望隱瞞細節，醫生往往會配合，但有時候是勉強配合。「我們只說善意的謊言，」一名醫生告訴我。

病人的子女可以勸說醫生進行病人不想要或不需要的無效醫療處置和手術，而且他們通常真的會這麼做。住在英國的公衛學者陳紅在她對中國癌末病患的研究中發現，醫生在治療中「太有侵略性」，而他們的做法往往會延長患者的痛苦。

「我曾經有一個直腸癌病人，」馬克有一次告訴我，「他知道自己有血便現象。他女兒不讓我們跟他說他得了癌症。她寧願父親不知情，要我們跟他說他只是得了痔瘡。」

「幾個月過去了，病人不覺得病情有好轉，還是發現自己大便中有血。他對我很不滿，覺得自己沒有得到適當的治療，所以拒絕再配合。」

馬克最後說服那個女兒讓他把真實的病況告訴病人。據他所言，他當時盡量說得婉轉。

「我嘗試和病人談話，想看他是否夠堅強，承受得了事實。我跟他說：『你看，你已經七十歲了，很多人到了這個年齡都會生病，比如說癌症。我之前也許誤診了。你可能得了癌症。這一點你想過沒有？』他回答說：『沒事。我有兩個孩子；一個在香港，一個在昆明。兩個孩子都有工作，有家庭，過得都很幸福。我已經死而無憾了。』」

「我不相信他真的看開了。所以第二天，我到他房間裡跟他說我要再幫他檢查一次。等到第三天，我才跟他說他確實得了癌症。我以為他或許有辦法接受，但是半小時之後他就昏迷了，十五天後才醒來。再過一個星期，他就去世了。」

我問馬克這件事的過程是否真像他說的那麼戲劇化。他強調就是這樣。他說，發生這樣的事，他有些慚愧。

「在這個病人身上，我們失敗了。」他說。

中國存在這種家屬代替病人做主的特殊現象，有幾個因素。經濟因素是其中之一：醫生聽從病人成年子女的意願，因為付錢的是他們。中國這一代老人與他們的孩子相較之下很窮，因為孩子享受到了中國經濟繁榮發展的成果。

更令人遺憾的原因是到老人臨終之際，孩子才會發揮平時見不到的孝心。「一切都是為了面子，」一名北京的醫院行政人員說。「孩子必須表現出自己真的盡力了，所以他們在最後那段時間，會堅持要醫生什麼都做，即使這意味要進行諸多不必要且痛苦的治療。」

馬克還有一個理論：中國過去三十多年的資本主義實驗，造成了一種崇尚物質的文化。「近來的中國，大家都變成崇尚物質的人；我沒有，但其他人是這樣。所以，我們沒有關於死亡的教育。崇尚物質的人只相信自己親眼所見，否認肉眼看不見的事物。他們沒有宗教信仰。」

我不太認同馬克的觀點。中國文化的確避諱談論任何與死亡有關的事。我們沒有四樓或十四樓——有時候為了表示對西方迷信的認可，也沒有十三樓——這使得搭電梯可能會讓人感到困惑。我們不喜歡舊衣古著，不喜歡白色的花，不喜歡送鐘，不喜歡一切與死亡及霉運有關的事物。用馬克的話說，這些做法都阻礙了我們的「死亡教育」。在我家，一提到死就會被一句簡潔有力的「冞！」打斷，這是粵語的「閉嘴」。

但我認為這種對死亡的忌諱超越了崇尚物質的文化，而且根源於中國對死後之事的信仰體系。概括地說，大多數漢人的信仰都混合了道教、佛教和儒家思想，再加上一部分民間信仰和祖先崇拜。大致而言，這導致大家對死後的世界有一種這樣的觀點：你仍然會需要錢和各種物質享受，仍然會遇到官僚和階級制度，而且必定會踏上一個幾乎永無止盡的生死輪迴。漢人的信仰有別於伊斯蘭教和基督教的教義，並沒有永遠安息這個撫慰人心的願景。

在北京若要一窺道教眼中的死後世界，最好的去處之一就是東嶽廟。八百多年來，東嶽廟一直在原地屹立不搖，即便周圍的胡同都已經在摩天大樓的侵襲下瓦解了。

東嶽廟有很多殿堂，殿裡都有描繪陰曹地府的熟石膏雕塑。每個殿都代表地府的一個司署，共同構成一幅永恆官府的嚴酷畫面。在那裡，死者要為生前的行為受到審判，還要取悅無數鬼神。

陰間不僅有批准判決的勾生死司，還有負責簽署文件的都簽押司；有根據生前行為決定個人命運的生死勾押推勘司，還有負責沒收不義之財的掠剩財務司、負責監察錯誤控訴的都察司、審理竊盜罪的盜賊司、負責保護野生動物的飛禽司——誰能想到陰間也很看重保護野生動物？還有我最喜歡的「十五種惡死司」（只是我不懂死後之死有什麼意義），每種惡死法都以紅漆和石膏詳細描繪，極盡血腥之能事。

死後的世界被描繪得如此可怕，難怪中國人談死色變，想盡辦法活久一點。中國有一句俗話就說：「好死不如賴活。」

我父親去世時，我們把他的遺體停放在陽臺供人瞻仰，棺材周圍放滿乾冰。弔唁者的第一站就是接待處。在那裡，家中親戚在一本厚重的冊子上記錄「帛金」的金額；帛金是裝在白信封內的禮金，用來資助喪葬費用。我們，也就是往生者的妻子和女兒，則把扎人的粗麻布帽子別在頭上，並且燒些紙錢，讓父親在陰間能過得舒服。

每年清明節和重陽節，我們都會去安放父親骨灰的靈骨塔祭奠他。我們會在那裡製造更多灰燼，因為要燒「冥紙」，那是在宗教用品店買的成疊紙錢。冥紙上面當真都印著「地府銀行」和「法幣」的字樣，還有玉皇大帝的圖像，祂是道教神話中天庭的皇帝。

除了祭祖的節日以外，我們還會過鬼月，這時我們不光會獻上祭品給自家祖先，同時也給所有的鬼魂。在鬼月期間，地獄之門據信會大開，所有鬼魂都能盡情在人間遊蕩覓食。這些不幸的鬼魂，都已經無人再去祭奠了。

因此鬼月充斥著迷信，沒有人在這個月結婚或開始做生意。我小時候很喜歡在鬼月前的幾週和母親去宗教用品店閒逛，因為店裡有各種紙糊的房子、汽車和人物，看起來和玩具一模一樣。我總是很想觸摸把玩這些東西，但當然從不被允許，因為會招來厄運。

這些祭品也是與時俱進的：我見過紙做的ＬＶ手提包、紙做的iPhone，當然還有陰間的萬能配件——紙做的美國運通黑卡。二〇〇六年，中國民政部部長甚至大費周章地禁止燃燒「封建迷信殯葬用品」，例如紙做的威而鋼、豪華別墅和卡拉ＯＫ伴唱小姐。[16]

這一切都顯示，雖然大多數宗教和文化體系都強調死後什麼也帶不走，但中國人非常相信一切都可以帶走，只要你有後人，而且愈多愈好。如果死而無後，那就是斷子絕孫——這是對中國人最惡毒的詛咒之一，因為它代表永遠當一個餓鬼。

七

昆明的姑息治療中心有種味道，我現在已經把那種味道跟中國福利機構裡的生活連結在一起了：豬骨湯味和泡麵味混著偶爾從廁所飄出來的一股尿味，還有混著的菸味。

病人是兩個人住一間病房。這裡沒有淋浴間，所以病人只能將就擦澡，或者如果手腳還靈活的話，就回家洗澡。病床之間的空隙很狹窄，只夠一個人側身走過。為了彌補房間的狹小，樓層裡有很多寬敞的公共座位區，裡面擺著大張的木椅和塑膠表面已經斑駁的沙發。裝過食品的小罐頭被洗去標籤，當作菸灰缸使用。病患和訪客就在這裡逗留、抽菸、做針線活，或是打電話聊天。

在其中一間休息室，我遇見了靜靜在鞋底上繡花的李嘉藝。她母親罹患阿茲海默症和帕金森氏症，過去七個月都住在這裡。

嘉藝三十五歲，留著一頭烏黑長髮，安詳的臉上脂粉未施。她身旁是五歲的女兒清溪，是個迷人的小鬼靈精，笑起來還露出寬寬的牙縫。她的髮辮上戴著一頂小皇冠。母女倆是這裡最年輕的常客。

嘉藝懷有四個月身孕，肚子裡的第二胎是在不久前「單獨」政策改革之後懷上的。政府放寬了一胎化政策，夫妻中只要有一方是獨生子女，就可以生育二胎。

「有時候，我朋友會問我：『你年紀這麼大了，為什麼還要生二胎呢？』但是我覺得照顧老人的壓力很大。社區的支持根本不夠。現在鄰居都不像我小時候相處得那麼好了。這孩子，」她溫柔地指著自己喋喋不休的女兒說，「以後自己一個人會很不好過。」

嘉藝的母親八年前診斷出患有帕金森氏症，這種慢性的運動障礙是無法治癒的。中國罹患帕金森氏症的人數已占全世界的四〇%以上，但是到了二〇三〇年，這個比例還會增長到將近六〇%[17]，對一種新興疾病而言這樣的數量非常多；中國甚至還沒來得及為它取個本土化的名字，只能音譯。對家藝而言，這種病的名字就是手帕的帕、黃金的金、森林的森。

起初，病情尚可控制。嘉藝的父母幫她照顧孩子，每天傍晚都去托兒所接清溪還有做晚飯。隨著外婆的平衡感惡化，清溪也學會握著她的手來支撐她。後來，嘉藝的母親開始摔倒。他們住在一棟七層樓房的三樓，沒有電梯。為了安全，她母親開始整日臥床，聽滬劇和看電視劇。

二〇一三年冬天，嘉藝的母親已經無法移動雙腿，上廁所需要人背，還長了褥瘡。嘉藝七十八歲的老父親已經應付不來了。他們看過幾家療養院和醫院，最後來到最划算的昆明市第三人民醫院。這裡的月費大約一萬八千塊人民幣，其中九成由醫保給付。私立療養院等其他選項的花費是那裡的三倍，而且醫保不給付。每個地方都還要排上幾個月的隊才能住進去。

嘉藝手上飛針走線，她說：「我覺得我很幸運。很多人的父母也都生病了，卻進不了這樣的地方，甚至不知道有這種地方。」

嘉藝是在父母單位的宿舍社區裡長大的，在她的記憶中，那是一個無憂無慮的環境。她知道那樣的世界已經不存在了。在我們討論她生二胎的原因時，她不斷提到城市化和現代化破壞了鄰居之間原有的關係。她對家庭規模迅速縮小也頗有怨言。她自己的父母各有六個兄弟姊妹，而丈夫國寶則有五個。

中文對家庭關係的定義非常精確，有眾多指稱不同親屬關係的詞語。舉例來說，中文不像英文只稱呼「uncle」：如果他是父親的哥哥，就要叫伯伯；是父親的弟弟就要叫叔叔；是媽媽的兄弟就要叫舅舅。對嘉藝還未出世的第二個孩子來說，清溪也不會只是英文中的「sister」，因為中國沒有和它完全對等的詞。清溪永遠都是姊姊，而不是妹妹。她的身分已經定下來了。

中文對個人在家庭長幼次序中的位置非常強調，說明了中國對長輩和家庭結構的重視。但是，這種複雜的分別正在瓦解。等到清溪自己有孩子的時候，這些稱謂有很多都會和拉丁文一樣沒人用了。

週末的時候，我再次見到嘉藝。她帶了一些蒸蛋給母親。醫院裡的食物大都是湯和粥，她覺得不夠營養。她用湯匙舀起滑嫩的黃色蒸蛋，送到母親毫無反應的口中。

她母親瘦小的身軀蓋著好幾條毯子，目光在原來曾經放過電視的位置徘徊。母親剛住進來的時候，嘉藝在她床尾裝了一臺電視，讓她能繼續看自己最喜歡的電視劇。可是不久之後，嘉藝的母親對外界的刺激就沒了反應。

「所以就不用電視了。」嘉藝聳了聳肩。

那天，嘉藝穿著黑色的牛仔褲，看不太出來有身孕。

她說，過去這幾年照顧母親對她來說很難熬。「我父親歲數太大了，就只靠我一個人，」嘉藝說。「我不想讓我女兒和我一樣。她的弟弟或者妹妹會活得比我們都久，這可能會是她最長久的家庭關係。」

過去一年來，由於要不斷往返於家中和醫院之間，還要照顧孩子，嘉藝已經力不從心。她開始掉頭髮，也開始對清溪發脾氣。最後，她決定辭職。靠著她自己的積蓄和丈夫的工資，她算算自己兩年不工作也還過得去。之後怎麼辦？她聳聳肩。

儘管如此，嘉藝還是認為計劃生育在中國是必要的。「這麼多人，會讓社會福利很難實行。」接著，她說出幾乎每個中國人在被我問到計劃生育時都會說的那句話：人太多。

嘉藝的態度在很多不住中國的人看來，或許很奇怪，但是事實上很多中國的城市人都支持計劃生育政策。如果你在中國生活過，不管在什麼地方都必須跟人搶位子，從擁擠的地鐵到明星學校都一樣，也許你就會比較容易明白那種心態。

然而，我問嘉藝是否支持計生官員採取的強制墮胎等做法，她馬上用手護住了小腹。「當然不支持，」她說，「強迫永遠都是不對的，那些人太壞了。」

嘉藝讀高中時，班上有三十個人。她說只有四、五個人生了二胎。大多數同學都當了公務員，如果違規的話，可能會丟飯碗。

「現在，我覺得很多朋友都很羡慕我。」她說。

清溪爬到她的大腿上，開始親暱地輕咬媽媽的手臂。

嘉藝溫柔地和孩子嬉鬧，用唱歌般的聲音說：「誰來照顧媽媽呀？你會照顧媽媽嗎？」

清溪英勇地趴在未出世的小寶寶上方，點了點頭。

8 紅線斷了

中國保證了穩定性和確定性。無論過程可能會有多麼漫長和費力，到頭來我們一定會有個孩子。沒人可以奪走她。

——甘米奇（Jeff Gammage），《中國幽靈》（*China Ghosts*）

一

如果你從中國收養了一個孩子，你如何尋找這個孩子的根呢？

史岱（Brian Stuy）認為他知道答案。五十五歲左右的史岱有一頭濃密的白髮，像節目主持人一樣擅於掌握時機。一個週日早晨，史岱問候著一小群魚貫進入明尼蘇達州聖保羅市某個會場的家長。「你們是美國收養社群中的少數，」他說，「多數家庭並不在乎，所以謝謝你們至少來了。」

史岱是收養社群中的爭議性人物。這名前摩門教徒把改革中國收養體系內部的腐敗當成使命，很多人對此不以為然。對於那許許多多相信自己做了善事的父母來說，這是一個讓人為難的主張，讓史岱很不受歡迎，宛如在石油輸出國家組織大會上現身的美國前副總統高爾（Al Gore）。「你要當心布萊恩．史岱，」一個收養了一名中國孩子的記者友人告訴我，「他會招來惡評。」

有些人指責史岱虛偽。他從中國收養了三個女兒，為何現在又來批評這個計畫？也有人譴責他從自己的指控中獲利，而他在某種程度上也確實如此。自二〇〇二年起，史岱和他出生於中國的妻子蘭共同經營的小型機構「研究中國」（Research-China），便專門對被收養的中國孩子做背景調查。

史岱環視會場，宣布他將公開一份他認為涉入兒童販賣的孤兒院名單。「我已經知道你們當中有些人會在名單上看到自己領養孩子的孤兒院，」他事先預告，「這不是針對你們。」螢幕上閃過孤兒院的名字。坐在我旁邊的海瑟．波爾咬住了嘴唇。她領養女兒的孤兒院在名單上。她花了點時間，消化這個令她震驚的消息，聳了聳肩，然後悲傷地說：「有什麼辦法呢？」

收養中國孩子的熱潮，究竟是多數人相信的那種無私行動，把數千名大多是女孩的棄兒從貧困的孤兒院生活中拯救出來——或者其實是得到中國政府認可、甚至幫助的跨國嬰兒買賣？二十年來，被外國家庭收養的中國兒童有十二萬人以上。[1]這個副產物是一胎化政策最具國際性的一面，也顯著改變了全世界對種族、家庭和跨國收養倫理的態度。

在收養界，對健康幼齡兒童的需求遠遠超過供給；收養中國孩子是黃金標準，或者說曾經被當成黃金標準。中國幾乎擁有養父母所尋求的一切：健康幼兒很多，收養流程由政府運作、流程簡化，而且條件相對寬鬆。中國的海外收養計畫剛開始時，單身人士、退休人士及同性伴侶都具有收養資格，這在其他地方十分罕見。

一胎化政策讓整個收養過程充滿道德價值：外界認為這些女孩是父母不想要而主動遺棄的。中國的孤兒院人滿為患，條件也很糟糕。收養的家長相信，中國是一系列可疑選項中最有道德的選擇。這和從瓜地馬拉或伊索比亞收養是不一樣的，他們不會被指控購買嬰兒，或者剝削孩子貧困的親生父母。

自中國政府於一九九二年開放孤兒院加入跨國收養後，收養案例開始暴增。到二〇〇五年的顛峰期時，美國人每年收養將近八千名中國嬰兒。[2]即使現在可收養的嬰兒數量已大幅減少，中國依然是目前世界最大的收養兒童來源國[3]；二〇一四年有超過二千個孩子被美國人領養。這個人數幾乎是第二大收養兒童來源國伊索比亞的三倍。

這種樂觀的局面在二〇〇五年有了改變，當時有六家湖南的孤兒院——西方收養仲介的一些大供應者——被控買嬰。中國官方起初否認相關報導，但最後監禁了工人段月能和他的家人，罪名是販賣八十五名嬰兒。段月能的母親在兒童之家擔任助手，她說起初她若找到棄嬰，就會獲得幾十塊人民幣的補貼。但是對棄嬰的需求攀升得很快，因為每完成一件跨國領養，孤兒院就能獲得三千美元，更遑論那些感激的父母給孤兒院的捐款。「孤兒院說要更多嬰兒，開出了每個嬰兒七百塊錢的價格，後來漲到一千五百塊，到二〇〇五年已經變成三千塊了，」段母說。[4]段家用奶粉箱偷運嬰兒，每次偷運四個，都是從一千公里以外的廣東搭火車運到湖南。

在服刑期滿獲釋之後，段月能告訴美國電臺節目《市場》（*Marketplace*）的記者童致剛（Scott Tong），他的販嬰活動範圍比媒體報導的要大得多。

段月能向童致剛出示表明他曾販賣過一千多名嬰兒的紀錄，他說孤兒院會幫每個賣出去的嬰兒在外國收養文件上作假。「我看到的文件中，至少有一個孩子被美國家庭收養，」童致剛告訴我。

中國官方說湖南的事件只是個案，但是二〇〇九年又爆出另一個醜聞。據《洛杉磯時報》報導，這次是貴州省的計生官員被曝曾抓走違反一胎化政策生下的孩子，並將其賣給孤兒院。[5]二〇一一年，新聞雜誌《財新》也報導了一個類似案件。根據該雜誌報導，這些被賣掉的孩子當中，有一些最後被美國與荷蘭家庭收養。[6]

其他發生在貴州省[7]和陝西省的販嬰案件[8]也為整個收養流程增添了疑問。

沒有可靠的方式可以查明這種違法行為的範圍有多廣。在收養流程中受益最多的各方，從中國政府到領養仲介機構，再到領養的父母，都堅稱這些事件只是個案。

總部位於美國聖路易的收養機構「兒童希望」中國營運負責人張雯承認，中國的跨國收養制度的確有缺陷，但她指出，這個制度拯救了很多本來會在中國孤兒院中夭折的孩子。「真的，早些時候孤兒院的條件很差。」張雯說。開放中國的國際領養市場也帶來更多西方的支持，顯著改善了孤兒院的條件。舉例來說，位於加州柏克萊的半邊天（Half the Sky）基金會便在十五年間投入了五千六百多萬美元來改善中國孤兒院的環境。[9]

但是，並非所有經營收養仲介機構的人都這麼樂觀。二〇〇九年，荷蘭最大收養仲介機構「世界兒童」（World Children）的主任伊娜．胡特（Ina Hut）為抗議湖南的醜聞而辭職。湖南的故事讓她很憂慮，催促中國及荷蘭政府給出回應，但是沒有結果。二〇〇七年，她到中國進行了為期一個月的調查。

胡特離開時確信，購買嬰兒的行為「範圍遠比我們所知的廣泛」。收養界的聯絡人告訴她，助產士收錢負責找出超生的嬰兒，並在嬰兒出生前就把他們訂下來。此外，孤兒院對被收養兒童的瞭解，通常比他們透露給中國收養中心和養父母的還要多。她說，中國官方曾私下告訴她，在湖南的販嬰醜聞中，有至少兩個孩子最後被荷蘭家庭收養。但是，胡特無法讓荷蘭或北京政府繼續追蹤這件事。「在政府看來，一切都已經結束了。」

看不出胡特是個改革鬥士。她一頭金髮，說話溫和，笑容如陽光般綻放在她古銅色的臉上。她以前是成功的軟體創業家及大學行政人員，二〇〇二年加入世界兒童組織。在那之前不久，她的第一個孩子於出生時夭折，這段痛苦的經歷讓她決定「下一步就是要讓世界變得美好一點」，她說。

胡特自己原本打算收養孩子，但是在親眼見到收養程序的內幕後，她把自己從收養等待名單上拿掉。「我看到幕後運作時，相當震驚。我漸漸發現，很多收養案例是以父母的利益為中心，而不是孩子的利益。每個人都有權要孩子，但你無權支配孩子。是孩子有權得到父母。」

胡特公開表達自己的信念，並為自己的坦誠付出了代價。她於二〇〇九年辭職後，長達五年沒有再工作。她認為雇主都被她告密者的名聲嚇跑了。最後她在二〇一四年被任命為CoMensha的總幹事，這個荷蘭的非營利組織專門幫助人口販賣的受害者。

在收養界，國內收養在理論上具有優先權。這個原則稱為國內收養優先原則，是《海牙收養公約》奉行的最佳慣例之一，中國也是這項公約的簽署國。一胎化政策對這個原則形成一種嘲諷。為了防止家庭把實際上超生的子女偽裝成收養來的，中國的收養法令明確歧視本土的養父母。他們收養孩子的門檻比外國人高很多。舉例來說，一九九二年時外國收養人年齡須滿三十歲，而國內收養人則要三十五歲。此外，被收養的孩子也算在父母的生育限額內，這意味很多收養了孩子的中國人不能再生育自己的親生小孩。

史丹佛大學法學教授斯莫林（David Smolin）等倫理學家都說，《海牙收養公約》所奉行的崇高信念經常遭到違反。[10] 漢普郡學院亞洲研究學程主任凱．安．強森（Kay Ann Johnson）說的則更直白。

強森和我討論中國兒童販賣問題時突然說：「什麼是買家？從中國收養過孩子的都是買家。」照這個定義，她自己也包含在內。強森在一九九〇年代初從中國收養了一個女兒，當時她對中國的情況所知甚少，以為國內收養無法解決孤兒院愈來愈人滿為患的現象。從那之後，她慢慢覺得很多中國國內的收養行為都被不公平地歸為販賣兒童，因為欲收養的父母必須在一個不受規範的體制中支付中間人一筆費用，而這是多數中國人唯一能收養孩子的方法。相較之下，像她這樣的西方養父母付出的費用高得多，儘管是透過受政府規範的體制。「為什麼我們就被視為『收養人』，而他們卻被詆毀為『買家』？」她質問道。（儘管民政部的中國兒童和福利收養中心負責管理中國以外的收養事務，卻似乎沒有相同的機構來處理國內收養；很多我採訪過的中國養父母都說，他們的收養主要是透過私人關係與人脈處理的。）

強森現在嚴厲批評這個體制，主張中國對國內收養的歧視鞏固了「中國女孩不受重視」的迷思。她斷言，很多被外國人收養的女孩本來可以在國內找到充滿愛的家庭。[11]

我接觸過的那些最嚴厲批評跨國收養的人，幾乎全都是他們口中那個不良體制中的養父母及受益者。史岱承認有這種矛盾的現象。「你必須深入發掘，才能知道真相，」他說，「我認為九五％的養父母都不想知道真相，就算他們知道了，也不會採取什麼行動。何必自找麻煩？」

二

一九九五年，來自虔誠摩門教家庭的史岱三十六歲，住在猶他州的李海市；一九八四年的電影《渾身是勁》（*Footloose*）中那個保守而嫌惡舞蹈的社區，就是在這座小城拍攝的。史岱和許多年輕的摩門教徒一樣在海外傳教過兩年，他是在德國。取得楊百翰大學的商業學位後，他做過一連串的辦公室工作，結果他年輕人的理想主義備受打擊。「我不喜歡當齒輪上的一個輪齒，一輩子只是一直工作到光榮退休。第二天，公司沒了你還是照樣運作，」他說，「有沒有你根本沒差。」

那一年，史岱已經準備好迎接生活中的新目標和使命。有次他當時的妻子吉寧（Jeannine）從教堂回來，提議他們領養一個中國孤兒。那段時間，媒體上充滿了關於中國實施一胎化政策、導致大量女嬰被遺棄的報導。在此之前兩年，BBC播出了備受爭議的紀錄片《奪命的房間》（*The Dying Rooms*），片中詳細記述了中國孤兒院不人道且殘忍的做法。[12]隨後由人權觀察組織公布的一份報告，則將中國的孤兒院描述成不過是嬰兒被送去等死的地方。[13]

史岱是人口零成長運動的堅定信徒，所以欣然接受了妻子的提議。一九九七年，他們從中國帶回一個八個月大的女嬰，幫她取名為美琪娜，英文是Meikina——Mei取自中文的「美」，而kina是夏威夷語「來自中國」之意。三年後，一群養父母籌募了一筆款項，要讓原先收容美琪娜的孤兒院購置新冰箱。史岱自願把這筆錢送到中國。

在中國的時候，他見到孤兒院紀錄中撿到美琪娜的兩名女性之一。據史岱說，這個女人極為詳細地對他描述了事發經過。

「一天早上，她和同事一起走路去上班，聽見喧鬧的人群中有嬰兒的哭聲，便查看了一番，結果發現一個紙箱，裡面裝著一個出生才兩天的小女嬰。在她的描述中，嬰兒穿著『農村的衣服』，旁邊放著一個空奶瓶，還有一些現金和一張寫有孩子生日的紅紙。」[14]

史岱得知的大量詳盡細節，讓他激動萬分。對他來說，這意味著美琪娜是被生母遺棄在路邊的，而她的生母至少還為她留了錢和衣物。他反覆前往民政局附近美琪娜被發現的地方，試著想像當時的情景：哭泣的嬰兒、訝異的路人、躲在暗處默默窺視的悲痛母親。他說，這是一段「有如神蹟」的經歷，他也在寫信給收養團體的其他家長時，熱切地提到這件事。

很多收養中國孩子的父母，都對孩子的來歷所知極少。史岱的經歷讓許多人開始渴望能瞭解更多。有幾個家長回信給他，向他尋求幫助。大約三十個家庭各出了一百三十五美元，讓史岱得以再度造訪中國。這就是他的公司「研究中國」的起源。

史岱回顧著美琪娜被發現的故事，然後笑了。「我真不敢相信我竟然會吃那一套。」十年後，蘭．史岱（Lan Stuy）找到了紀錄中另一名撿到美琪娜的女性。蘭說，那個女人很勉強地承認，整件事都是她編造的。「她充滿歉意。她說她只是同意讓自己的名字列在紀錄上，幫助收養手續進行。她其實沒有發現過什麼孩子。」她說。

史岱經常提到這個真相大白的時刻。在聖保羅，他諷刺地對聽眾說：「我意識到她可能是孤兒院找來的人。他們大概告訴她：『讓這個男人開心吧。』」他說完停了一下，聽眾都笑了。「她的確做到了。她讓我整整十年都過得超級開心。」

二〇〇〇年，布萊恩與吉寧．史岱的婚姻在收養第二個孩子的過程中宣告破裂。史岱說，他脫離摩門教是他們分手的部分原因。他以單身父親的身分完成了收養手續，並把第二個孩子取名為美根（Meigon）。

史岱和大多數的美國收養人一樣，回美國前的第一個中繼站是廣州。當時美國領事館在廣州的沙面島受理被收養人的簽證。沙面是一座極具歷史意義的沙洲島嶼，到處都是富麗堂皇的裝飾藝術風格建築。在兩次鴉片戰爭的年代，這裡是外國人的聚居區。

後來，沙面島因為成為美國人收養中國小孩的起點而有了另一種不同的名聲。沙面的五星級白天鵝賓館是一棟玻璃帷幕大樓，在那裡可以盡情觀看泥濘的珠江；這家飯店被戲稱為送子鳥賓館。飯店接待的收養家庭太多了，乾脆把三個樓層指定為這一類的旅客專用，並且送給每個家庭一個名叫「回家芭比」的限量版芭比娃娃，模樣是一個抱著中國小嬰兒的金髮主婦。（現在這些芭比在eBay拍賣網站上要價達三百美元）。

沙面島上有許多販賣T恤及光鮮服飾的商店，許多衣服都是粉紅色的。新爸爸史岱帶著小美根到其中一家，在那裡遇見了後來成為他第二任妻子的蘭。

蘭的膚色黝黑，五官細緻，手指纖長而優雅。她賣觀光紀念品，也為那些最新的美國小公民畫鋼筆肖像。史岱委託她幫自己的一個女兒畫一幅畫像，蘭畫了幾個月才完成。這段期間，他們開始用電子郵件聯繫。

同年稍後，史岱回到廣州，一方面是為了見蘭，一方面是想查出更多美根的資訊。在收養美根的過程中，史岱繳交各種費用和捐款時注意到他收到了一張四百二十塊人民幣的帳單，用途是「棄嬰公告」。

他發現，中國的孤兒院必須在報紙上為即將送交跨國收養的孩子刊登這種棄嬰公告。回到廣州後，他試圖尋找更多線索。走訪了許多家區域性的報社之後，他和蘭找到一家刊登這類公告的小報。報社有整整一個房間的舊報紙庫存，史岱最後也找到美根的棄嬰公告。廣告上寫出美根被發現的地點，最重要的是還有一張美根四個月大時的照片，這張照片他以前從未見過。

那些公告成了「研究中國」的主要收入來源。史岱夫婦（他和蘭於二〇〇四年結婚）開始在中國各地收購舊報紙，價錢通常只有幾美分。他們把棄嬰公告以高價賣給美國和歐洲的收養家庭：每則七十五美元。「最初幾年我們獲利很高，」他說。夫婦倆又收養了第三個孩子，名叫美倫（Meilon）。

二〇〇四年時，「研究中國」的業務已經擴大，會依據客戶需求提供個別孤兒院的報告和分析。史岱夫婦製作這些報告時，靠的仍是從棄嬰公告篩選出來的資訊，利用公告上列出的內容——發現時的年齡、性別、健康狀況、發現地點——來得出結論並找出模式。

在聖保羅，史岱提出了一份他調查結果的樣本，其中含有大量的圖表和表格。史岱認為，正常的中國孤兒院——不涉及買嬰的那種——收到的孤兒，在年齡、性別、健康程度上的分布範圍很廣，孤兒被發現的地點也很多樣。

史岱在對湖南六家捲入買嬰醜聞的孤兒院進行資料追溯分析時，發現這些孤兒院的資料都有不正常的特點：院方都聲稱發現的棄兒大多是女孩，大多是小嬰兒，而且發現的地點只有固定幾個。前兩項暗示的是市場需求，而非偶然機遇。最後一項則表示孤兒院的負責人懶得徹底掩蓋自己的罪證。根據史岱所說，這六家孤兒院聲稱在五年的時間裡，發現的二千二百零二名棄兒中只有十七名是男性。其中的長寧孤兒院宣稱，院內近四〇%的孩子是在兩個地點先後發現的。透過對這些棄嬰公告的研究，史岱認為中國半數以上的孤兒院都有買嬰行為。這種消息，任何領養父母都不會想聽。

史岱在回應一個在場聽眾的提問時說，就連有殘疾的孩子跟這件事也脫離不了關係。一個穿棕色上衣的女人正在等候收養一名中國的殘疾兒童。這些孩子總該是父母不想要而被遺棄的吧？她問道。史岱猶豫了一下。「我不能說殘疾的孩子就沒問題。我們發現其中的花招多得很。」

根據他的資料，中國的孤兒院宣稱在二〇〇〇至二〇〇五年間發現的殘疾棄嬰非常少。如今在被發現的棄嬰中，殘疾棄嬰幾乎占了一半。二〇〇五年是中國收養事務的轉捩點，那年湖南孤兒院醜聞曝光後，被收養的孩子迅速減少。

「這是否意味二〇〇五年之前，有殘疾的孩子純粹是等不到被人收養就夭折了？」史岱問道，「還是說二〇〇五年之後，孤兒院瞭解到這些孩子也是可以收養的，所以轉而在這上面投資？」

接著他改用比較婉轉的說法，給了那個提問的女性某種赦免。殘疾的孩子在中國被認為是不祥的，所以他們前途渺茫。他說，即使那些孩子是買來的，他也很難去譴責收養他們的行為。

史岱的說法難以驗證。我不認識其他獨立分析中國各地孤兒院人口資料的人。史岱的資料有很大一部分來自刊登在報紙上的「棄嬰公告」，而這些資料很可能並不完整。他的資料並不包括孤兒院裡那些沒有提供國際收養的孩子，因為那些孩子沒有棄嬰公告。史岱承認這些瑕疵。「我很希望有其他人獨立調查這件事。我只是起了個頭。但是，中國國內的販嬰事件一再驗證了我們的評估。」

法學教授斯莫林說：「中國已經不是那個有無數健康嬰幼兒可供收養的道德收養來源了。」史岱的調查是「美夢幻滅後令人不安的檢討。即使沒人相信他，數字和報導仍是擺在眼前的事實」。[15]

三

收養中國嬰兒的西方家庭擔心這些孩子將如何適應白人占多數的生活環境。他們的女兒們要怎麼面對自己是因為性別而被拋棄的事？這一切會不會製造疏離和錯亂？

這些家庭為了尋找答案，便注意起第一批掀起廣大收養潮的亞洲孩子。自一九六〇年代起，約有二十萬個韓國孩子——同樣的，大多是女孩——被美國家庭收養。一些被收養的韓國孩子表示，成長過程中很少或完全沒有接觸過與自己出生地有關的文化知識，讓他們強烈感到憤怒。他們怨恨收養家庭用「色盲」的方式來養育他們，沒有幫他們做好面對種族歧視的準備。

一九九六年，《波士頓環球報》（*Boston Globe*）一篇標題為「朱莉亞・明・蓋爾之謎」（The Riddle of Julia Ming Gale）的報導，點出了收養中國孩子的家庭會面臨的問題。報導介紹了二十歲的茱莉亞・明・蓋爾，來自臺灣的她小時候被白人父母收養。儘管茱莉亞的白人父母是會說中文的學者，但她成長過程中幾乎完全沒說過中文，也強烈認為自己和她的白人兄弟姊妹一樣。她把自己想成一個紅髮的雀斑女孩。「我想我過去一直都希望自己能變成白人，」文中引用朱莉亞的話說道。

收養中國孩子的家庭試著在教養孩子時加入中國元素，藉此幫助他們準備好面對同樣的問題。這就像是一種文化的ＯＫ繃。「中國兒童家庭」（Families with Children from China）[16]這個組織因此成為在全美擁有一千多個分會的強大團體。全美各地的分會每年在農曆春節、中秋節等中國文化節慶時都會規劃各種活動，也舉辦中文課程。

當然，中國以世界強國之姿崛起並迫切希望提升國家軟實力，對此也有所幫助。這些活動有很多都是由孔子學院贊助的；這個機構是中國教育部在海外負責宣揚中國文化的部門。北京精明地看準了進行國民外交的機會，也開始贊助被收養的孩子及其家人進行「尋根」之旅。

這樣做有用嗎？被收養的孩子當中幾乎沒人能講流利的普通話，在跨文化的環境中也總是會有些不自在。有些專家說，這種做法的主要益處是心理上的，目的是讓被收養的孩子安心，讓他們知道自己的不同之處是被擁抱和接納的。

並非所有的被收養者都這麼覺得。「別人都說，『你真幸運，有兩種接受你的文化。』但我們有很多人感覺恰恰相反，覺得自己不完全屬於任何一方，」被收養的葛瑞絲·紐頓（Grace Newton）說，「我覺得文化喪失這件事，有很大一部分真真切切地嵌在我的皮膚上。」[17]

很多我曾採訪過的被收養者都表達過矛盾的感受。他們知道自己是一個制度的受益者，這個制度整體而言給了他們充滿愛而富裕的家。但他們很多人也希望自己在收養過程中承受的損失能得到承認，但這個要求可能會引發他們與養父母的衝突。

紐頓最初意識到與收養中國孩子有關的惱人問題，是因為大學時期修習了一門跨國收養相關課程。她母親說，希望紐頓上了這門課之後不會「覺得我們是『白人殖民帝國主義者』」。這話說是玩笑，又不完全是」。[18]

在課堂上聽到有關拐騙及販賣兒童的內容後，她總會哭著打電話給母親。這在她們之間造成了嫌隙。「我父母收養我，是因為他們覺得這是好事，是道德的事。他們的本意是好的，」紐頓說。在課程接近尾聲時，她和母親言歸於好，但「她看到我改變想法並質疑那個把我們一家人湊在一起的制度，心裡很不是滋味」。課程結束之際，紐頓說她母親「已經瞭解我對收養行為的批評並非針對他們」。

紐頓與其他被收養者發出相同的感慨，她說：「一個我們摯愛的人死去時，雖然很痛苦，但我們還能夠留住關於那個人的記憶。被收養則會有一種難以言喻的失落，因為大多數被收養者的親生父母都存在於某個地方。我們總會去想——他們會想起我嗎？他們現在在幹什麼？我的生活原本會是什麼樣子？」

和韓國的被收養者一樣，中國的被收養者長大後，可能會有更多人探尋自己的身世。他們也許還會像那些來自韓國的孩子，成為一股政治或社會力量；韓國的被收養者成功遊說了南韓政府給予他們雙重國籍並開放查閱封存的收養紀錄。

至於目前，中國被收養者中有興趣尋找自己親生父母的人很少。他們之中年齡最大的，多數都還不到二十歲，還在跟高中、大學，還有戀愛問題搏鬥。（專家說，被收養者的尋根意願通常在兩個時期達到高峰，一是二十歲出頭的時候，二是自己成為父母之後。）現在和以前的差別是他們擁有一個強大的新工具：DNA檢測，這把雙刃劍具有能在中國十幾億人口中找到他們親生父母的爆炸性潛力。

我曾親眼目睹一些史岱夫婦可能遇到的趣事。他們待在聖保羅期間與一名女子碰面，我就稱她為珍。（她不願意讓自己的名字或太多她故事裡的細節曝光。）數週前，珍收到一封來自中國的信。寫信的人說自己是代表一個男人寫這封信，那個男人自稱是珍家中養女的生父。他為了躲避超生的懲罰，把自己的女兒送進孤兒院。我看了這封信，信中寫道：「我叔叔和他的妻子過去十四年來一直在找她。」他們從一個「政府裡的熟人」那兒取得了珍的地址。

珍把一份DNA檢測樣本寄去中國。她為了要不要告訴女兒這件事而痛苦萬分。最後她決定不說，因為女兒正處於情緒波動很大的青春期階段，而且對認識自己在中國的根源「毫無興趣」。珍編造了一個天衣無縫的藉口，以慶祝世界DNA日的名義取得全家包括女兒在內所有人的DNA，女兒對此並未起疑。「誰知道竟然有這個節日？」她笑著說。最後證實兩組DNA樣本並不匹配。

兩年前，史岱夫婦開始利用DNA檢測尋找被收養者的親生父母。首先，他們找出一個「熱點」，也就是據傳有兒童販賣行為的孤兒院。史岱夫婦會聯繫曾經從那家孤兒院收養孩子的養父母群組。如果能把一個群組集合起來，他們就會進行地區性調查，採訪養父母及該地區的孤兒院工作人員，並採集DNA樣本。養父母一開始先支付二百七十五美元，如果史岱找到了孩子的親生父母，就再支付二百美元。史岱夫婦說，他們已進行了五、六次這種調查，並且用這個方法找到十二名親生父母。蘭．史岱說據她所知，只有三、四個收養家庭主動聯繫了這些親生父母。其他家庭大概都收起這項禍福未知的資訊，將來再說。

史岱夫婦目前正在透過將中國人的DNA樣本寄到一家美國的主要DNA研究機構，來建立一個小型的DNA樣本庫。「我們過去只是採集這些父母的DNA樣本，如果最後檢測結果跟孩子不符，樣本就白白浪費了，」史岱說。「後來我開始思考，為什麼不把樣本儲存起來呢？某時某地，美國可能會有某個女孩在尋找自己的親生父母。也許她能找到和自己相配的ＤＮＡ。」採集一個樣本的花費不到一百美元，史岱夫婦用收到的捐款支付採集和檢測費用。

雖然史岱的公司確實因為愈來愈多人對中國收養制度中的違法行為有疑慮而受益，但他們似乎賺得不多。紀錄顯示，研究中國的部落格約有一千名訂戶，每人繳交二十美元年費。公司還提供一些小型服務，例如蘭的素描畫、ＤＶＤ、孤兒院照片，以及翻譯。除了蘭以外，研究中國沒有全職員工。史岱自己去年又回到了全職工作狀態，以幫家人取得較好的保險覆蓋範圍。「我對大聲鼓吹已經厭倦了，」史岱說。

四

二〇一一年，調查性雜誌《財新》刊登了一篇關於湖南計生官員綁架超生嬰兒的報導。這些孩子最後進了邵陽孤兒院，其中有部分被收養到海外。四年後，我見到了其中一些被偷嬰兒的父母。

這些綁架事件都有某些相似之處。事發時，所有的父母都在外地，把孩子交給祖父母照顧，自己在遙遠的城裡長時間辛苦工作。所有被搶走的孩子，出生登記都不合法。他們大多是政策外超生、或非婚生的嬰兒，這一點讓他們成為理所當然的目標。確實，在中國法律下，抓走這些孩子算不算犯罪都還很難說。那些官員當然都沒有面臨刑事控訴，不過有些人遭到降職或調離。我在中國其他地區採訪過的計生官員說大家都瞭解，在這個問題上，他們無論做什麼都不會受罰。

楊立兵的孩子名叫小玲，是個圓圓胖胖的女孩。她是楊立兵的非婚生女兒。二〇〇四年，四十歲的楊立兵帶著還是青少年的懷孕女友陳志美回家。他們不能結婚，因為陳志美還未達到法定結婚年齡。

此外，陳母也反對他們結婚。「她抱怨說：『他比我還大一歲呢！』」楊立兵回憶道。他的眼神疲憊，兩頰有如懸崖一般，顴骨很高，腮幫子往內凹。

小玲出生後，他們把她留給楊立兵的父母照顧，自己去工業發達的南方找工作。離開前，他們湊足錢去照相館照了一張全家福。照片中的楊立兵坐在春日盛開的紅花背景前，看起來年輕了二十歲。坐在他腿上的小玲就像個小小的米其林寶寶，身上穿的羽絨外套厚到讓她肉肉的手臂往外伸。她腳上穿的手工鞋什麼顏色都有：粉紅色、黃色、藍色、棕色。她母親穿著鋪棉外套，在一旁小心地護著她。

這是他們第一張和唯一的一張全家福照片。父母不在的時候，官員搶走了孩子。他們說服小玲不識字的祖父母，在同意送孩子去收養的文件上按下指印。後來官員宣稱楊立兵簽了同意放棄女兒的文件。楊立兵證明事發時他人在中國南方，根本不可能簽下那些文件，但是為時已晚。小玲消失在邵陽孤兒院裡。「他們告訴我：『忘了她吧。我們批准你再生一個，』」楊立兵說。

史岱讀到這篇報導後，就發了訊息給他認識的養父母，請那些從邵陽收養過孩子的父母回覆他。一對住在伊利諾州的夫婦回覆了。瞭解過他們收養的時間和詳情、又比對了他們傳來的照片後，史岱確信那個伊利諾州的女孩就是小玲。他說，女孩身上有一個胎記，和玲的胎記吻合。

他開始透過電子郵件和電話與伊利諾州的父母對話，可想而知，這對父母十分震驚。史岱說，起初養母十分配合。但是史岱提議做DNA檢測後，這對惶恐的夫婦就斷了聯繫。

史岱拒絕透露這對養父母的身分，但是同意把我寫的一封信轉發給他們。我在信中告訴他們，我將在中國見到可能是他們女兒親生父母的人；如果他們有什麼話，我可以代為轉達。他們並沒有回覆。

二〇〇九年，蘭·史岱與楊立兵碰了面。她給楊立兵看伊利諾州那個女孩的照片，也採集了他的DNA樣本。「我開心極了。她看起來跟我那張照片裡一模一樣，只是長大了。」楊立兵說。他表示，照片裡的四歲女孩人在一個他覺得似乎是「大別墅」的地方。「在美國肯定大家都住得那麼好吧。」他一邊說，一邊嫺熟地從牙縫吐出菸草渣。

楊立兵後來過得並不順利。他和陳志美生了一個兒子，名叫成傑，但是三年後她就離開了他們。「她受不了這種窮日子，也不再相信我能把女兒找回來。」

我問他如果他發現這個女孩就是他的孩子，而且也能證實的話，他會怎麼樣做。

「我會把她要回來，」他馬上說。

「但她已經十歲了。她適應不了中國的生活。她連你的語言也不會說。」我暗示他。

「那我希望她至少一年能來看我一次。或者我能去看她。我希望她能學點中文，這樣我們才能講話。」他說。

我試著想像這個場面：楊立兵操著濃重的口音、嘴裡吐著菸葉，按照他自己的說法，他從來沒有管過孩子。成傑由祖父母撫養，而楊立兵輕描淡寫地描述著兒子似乎很艱辛的成長經歷：放學後要做大量農活、父親常常不在身邊，而且多年來都沒有穩定工作。我試著想像一個有滿屋子芭比娃娃的十歲美國女孩，要如何融入這幅畫面。

我在邵陽遇見過那些做媽媽和做爸爸的人，沒有一人算得上是理想的父母。他們幾乎見不到自己的孩子，因為他們不得不在遙遠的城市工作。中國的戶籍制度製造了一種「本地」與「外來」的等級體制，沒有城市戶口，他們就不能把自己的孩子帶在身邊，因為孩子在城市裡不能上學，也沒有醫療保險。

袁明山告訴我他的第三個孩子從祖母手中被搶走的經過時，我很氣憤。計生官員在袁明山的母親帶孫女從診所回家途中把她押走。他們說她「太老了」，沒辦法照顧一個嬰兒，要她簽一份放棄孩子的文件。袁母不答應，「他們就叫她兩手平舉做飛機翅膀。他們威脅說，只要她把手臂放下就會揍她，」袁明山說。最終，他母親答應了。

「你女兒叫什麼名字？」

她還沒有名字，他說。她當時已經滿一歲了。

「你什麼時候知道這件事的？」

六個月之後，他打電話回家的時候。我以為自己聽錯，又問了一遍。沒錯，他說，就是六個月之後。當時已經是二〇〇三年，而大多數農民工都還買不起手機。

他一聽說這件事，就匆匆趕回家，想把女兒要回來。他被告知要繳交一萬六千塊人民幣的超生罰款。袁明山拒絕了。後來，他又離開村子回去工作，計生官員就繼續騷擾他的家人。他父親擔心那些人會搶走自己其他的孫子孫女，便央求他至少繳一部分罰款。袁明山勉強繳出五千塊人民幣，計生官員終於不再騷擾他們。

我覺得很矛盾。一方面，想到這些人的孩子就這麼輕易地被帶走，求助無門，我就怒火中燒。我痛恨恃強凌弱的人，而這些計生官員似乎是農村最大的惡棍。

但另一方面，我採訪過一些養父母，也見過在地球另一端的被收養者；我不禁揣想，這些被收養的孩子現在這樣是不是比較好。

事實上，一些養父母也是用這個理由來辯解。我在美國中西部採訪過的一名新聞製作人，在一九九〇年代初期從中國收養了兩個女兒。她承認女兒的身世是個謎。但是兩年前，她難得和女兒一起進行耶誕裝飾，「我看著我女兒，不禁想到，『如果我沒有領養她，此刻她也許正在工廠裡製作裝飾品，而不是在這裡懸掛它們。』」

收養一個孩子幾乎就像皈依一種宗教，有其獨特的一套信仰、理念和教條。中國孩子的養父母社群中有一個共同信仰，就是紅線；這個信仰來自一個中國寓言，故事提到一個孩子出生時，會有隱形的紅線把孩子和生命中每一個重要的人繫在一起。這個訊息對養父母很有吸引力，傳達了一種宿命感和必然性。一切都是命中注定。

我讀過很多養父母對收養過程充滿宗教色彩的描述。這需要很強大的信念。卡琳．伊文斯（Karin Evans）在她的著作《失落的中國女兒》（*The Lost Daughters of China*）中，引述了一名養母卡洛．索普（Carole Sopp）的話：「如果我開始質疑他們（中國官方）跟我說的話，就是在彰顯她的過去都不能相信，那樣對未來更不好。」[19]

甘米奇（Jeff Gammage）是《費城問詢報》（*Philadelphia Inquirer*）一名實事求是的記者。他說，他相信自己和中國養女被配成對絕非偶然。身為白人的甘米奇在他的著作《中國幽靈》中推測，當初某個不知名的中國官員看到他長得和後來他領養的女孩有點像。「如果你把金玉的照片跟我幼兒時期的照片放在一起——我理平頭，她是小光頭——你會發現我們倆長得幾乎一模一樣。嘴巴一樣，臉頰一樣，耳朵也一樣。」[20]

然而，若說某些收養是命中注定的，另一方面也就是在說有些孩子注定被遺棄。

葛瑞絲．紐頓在她的部落格「紅線斷了」（The Red Thread Is Broken）中一針見血地表示：「這也是在說，孩子的生母也注定陷入必須放棄自己孩子的境地，而這些孩子則注定失去他們的原生家庭、祖國、文化，失去他們所知的一切。」

總是要有個準則的。而這個準則必定是：偷別人的孩子是錯的。

楊立兵的故事有了一個不可思議的轉折。她當時的女朋友陳志美向蘭．史岱坦承楊立兵並不是她女兒的生父。她是因為懷孕了，才跟著楊立兵回到他家的村子裡尋求庇護。

楊立兵在跟我見面時已經知道實情了，但他沒說。後來我問他為什麼要故意隱瞞實情。「她是我女兒，」他倔強地堅持道，「她生下來之前，我就在照顧她們母女倆了。就算孩子不是你親生的，你還是能當孩子的爸媽。」

二〇一三年，史岱夫婦把陳志美的DNA樣本寄到一個美國的資料庫。他們沒有伊利諾州那個孩子的DNA樣本，因此這麼做都是為了在可能的未來，這個女孩也許要追尋自己身世的時候做準備。「真相就在那裡，等待著她，」史岱說。

在我看來，那些DNA樣本就像許多未爆彈，隨時都可以粉碎生活、故事和信仰。

9 跨境嬰兒

沒有比這更肯定的事，
有錢人生財，沒錢人生小孩。

——懷廷（Richard A. Whiting）、伊根（Raymond B. Egan）、卡恩（Gus Kahn），〈我們都盡興〉（Ain't We Got Fun）

一

卵子取出之後，我在一陣急迫的尿意中醒來。護士不讓我去上廁所。「四十分鐘之內不許站立。」我嘗試靜靜躺著，想些跟受孕有關的事。我想像出幾十顆長得像青蛙卵或魚子醬的卵子，緩緩被抽出，充滿各種可能。我本該覺得既空虛又充實，但我只是迫切地確信自己多年的如廁訓練馬上就要毀於一旦。

「拜託，我實在忍不住了，」我懇求道。護士不情願地拿來一個便盆。她高舉著腎型的便盆對我說：「二十塊。」

我難以置信地望著她，再看看穿著病人服的自己。她以為我把備用的錢放在哪？但中國的醫療就是這樣。先給錢，否則就沒人幫你，顯然連三美元的便盆這種小東西也要用錢打點。

在此之前，我每次去醫院、每次做掃描和打針都是先付款，而且只能付現金。中國最大面額的紙幣只有一百元（當時相當於十五美元），所以我得用破舊的購物袋背著一疊疊鈔票到處跑，像蹩腳犯罪電影中負責收錢的車手那樣鬼鬼祟祟。

當然，那還不是最荒謬的地方。眼下的我正在實施一胎化政策的地方接受生育治療。別人都是離開中國去生更多孩子；沒人跑到世界上人最多的國家，巴望著增加人口。

流產九個月後，我在北京一家私立醫院進行體外人工受精。我從未想到自己會同意接受這種侵入性的治療，更別說是在中國，要面對諸多隨之而來的難題，但是流產改變了一切。我對於做母親不再感到不確定或矛盾。我想要孩子，但我不易受孕；既然我住在中國，就得在中國尋求治療。（基於我對中國收養內幕的瞭解，我對收養一途很謹慎，再說當時收養需要等待的時間已經延長到五年了。想辦法懷孕似乎仍是比較簡單的選項。）

在這個人口如此眾多的國家，治療不孕症的選擇少得令人吃驚。我住在北京，當地最著名的治療中心就是北京大學第三醫院。一九八八年，中國的第一個試管嬰兒在那裡出生[1]，比世界第一個試管嬰兒晚了十年。但是等待治療的人很多。自一九八三年至今，中國的不孕率已增長為原來的三倍，達到一〇%，與多數已開發國家相當。對一個有十三億人口的國家來說，這表示有大量的患者，而生殖醫學中心的數量不足以滿足需求。

私立家恩德運醫院是一個朋友告訴我的。這家由一名留美中國醫師創立的醫院看起來並不顯眼，是隱身北京學府林立的海淀區當中的一棟小白樓。正門入口處一旁就是收銀臺，臺前設有隔板，看起來就像我以前在紐約布朗克斯區的加油站看到的防彈櫃臺。廁所是用傳統的蹲式馬桶，想在不灑出來的情況下採集尿液樣本，就和在移動的車上穿針線一樣不可能。廁所裡焚了香，以掩蓋氨水的臭味。但是車道上有許多黑色的奧迪車，這是中國高官和菁英人士偏愛的座駕。

在一胎化政策下的中國尋求生育治療，有其獨特的問題。我來到家恩醫院時，帶了一大疊文件：我的工作簽證、護照、我公司的介紹信，還有最重要的——我的結婚證書。我和我丈夫是在他的故鄉馬里蘭州結婚的，我們的結婚證書看起來特別正規，還蓋著閃亮的金色戳記。我猜我其實可以在當地的彩色影印店弄一份差不多的，反正在中國也沒人看得出來。但那是程序的一部分：你無法以未婚單身女性的身分做體外人工受精。在一胎化政策下，先進的生殖技術只有已婚夫婦才能使用。

一胎化政策也讓家恩醫院的顧客群產生偏斜：有些女性和我一樣，二、三十歲的時候專注於事業，眼看生育年齡就要結束了。但我在醫院遇見不少比較年輕的女性，她們沒有因為年齡而不孕的問題。她們是來尋求生育雙胞胎或三胞胎的，想藉此規避一胎化政策。多胞胎也算一胎，這讓那些想要多生孩子又不能冒險賠上事業的人有漏洞可鑽。我跟一名天津的中學老師談過，她說她想要的兩個孩子如果是分兩胎生的話，她就會失業。當時她懷著雙胞胎，殷切地期盼他們會是一對吉祥的龍鳳胎。

我在家恩醫院的時間，似乎有很多是花在收銀臺前把一疊疊的現金推進隔板裡。有些金額似乎低得很不可思議。只要你不是掛名醫劉家恩的號，掛號費就只要二十塊人民幣，和我後來急需的便盆費用一樣。

便盆事件解決後，我昏昏沉沉地躺在病床上，手術的麻藥還未退去。（我匆匆把我丈夫找來，付了那二十塊錢。）房間裡還有另外兩對剛取完卵、正在休息的夫婦。其中一名女性是活動企劃。她丈夫為中國最大的電視臺，即中國中央電視臺製作音樂。

我昏昏欲睡地聽見他敘述自己在美國看過的一部紀錄片，片子是關於毛澤東造成慘重損失的大躍進運動。當年，毛澤東號召人民把農地變成自家的煉鋼爐，想藉此讓國家迅速從農業社會轉型成工業社會。這個運動造成二千多萬人餓死，但是在中國知道大躍進這些嚴重後果的人並不多。

「當時人會吃嬰兒，」那個央視製作人誇張地說。房間裡一片寂靜。我感覺到大家都很懷疑。他接著又說：「真的。我在探索頻道看見的！」

我漸漸睡著，朦朧中想到了食人族、家庭，還有那些食嬰國度的命運。

二

在實施一胎化政策的國度，掌握生育魔法的巫師成了君王。中國提供人工體外受精術和其他生育治療、且領有官方執照的醫療院所，從二〇〇二年的僅僅五家激增到二百多家，沒有執照的更是多不勝數。[2]促進大量排卵的藥物克羅米芬，網路售價跌至一盒十塊人民幣，因而銷量暴增。

過去十年來，在中國出生的雙胞胎增加了一倍以上，每八十九個新生兒就有一個是雙胞胎之一。[3]這個機率仍然低於美國，在美國大約三十個新生兒就有一個是雙胞胎之一。然而根據哈佛大學與北京大學的一群經濟學者所做的研究，美國的雙胞胎出生率增加主要是女性較晚生育導致的，而中國的雙胞胎出生率增加則至少有三分之一是一胎化政策的結果。[4]這意味有很多女性故意把「雙胞胎」當作規避一胎化政策的方法，她們不是使用排卵藥物，就是在報戶口時把非雙胞胎謊報為雙胞胎。

舉例來說，二〇〇〇年時，雲南的官員在三百多個村子裡發現了七百對這樣的「假雙胞胎」。[5]研究人員發現，在超生罰款高的省分，雙胞胎的出生率比規定較寬鬆的省分高很多。根據一篇新聞報導，至少有一項估計顯示，上海每五十個新生兒就有一個是雙胞胎之一。[6]

二〇一〇年，廣州有一個成功的女企業家不僅挑戰了人類生育的極限，也挑戰了計生委容忍的底線，因為她在一個月內有了八個孩子。她能做到這點，是利用生育治療和兩名代理孕母的幫助，同時自己懷孕足月，產下幾個胎兒。媒體幫她取了個綽號，叫「八胞胎母親」。當地新聞報導說，這名母親在生育治療、請人代孕和醫療費用上花了將近一百萬人民幣，又請了十一個保母。他們一家人去照相館拍照的時候，照相館把照片傳到網路上，消息於是不脛而走。民眾起初的反應是無法相信。

「天哪，一家有八個孩子……在這個計劃生育、人人都只生一個的時代，這反差實在太大了，」一名央視評論員說，「聽起來不像新聞，比較像童話故事。」[7]

為了避開媒體關注，這家人躲了起來。兩年後，廣東計生委表示針對這個問題的調查已經結束，這對夫婦會被處以高額罰金，具體金額不明。

代孕本身在中國是個灰色地帶。衛生部禁止其管轄的醫療機構和醫務人員進行任何代孕程序。這當然就讓仲介機構得以在不受管束的情況下蓬勃發展。

關於中國有多少代孕仲介機構，並無官方的統計數字可查，但是，備受敬重的廣州媒體

《南都週刊》估計，中國在過去三十年間約有二萬五千個孩子是代理孕母所生。目前代理孕母的補貼金額為二萬至四萬人民幣不等，大約是美國代孕費用的十分之一。

一胎化政策導致對生育服務業的控制監管出現缺失，結果使得這個製造嬰兒的產業有如拓荒時代的美國西部那樣無法無天。中國有些代孕仲介機構明目張膽地提出保證生男孩的服務，其中牽涉到要代理孕母墮掉所懷的女嬰。一則地方新聞報導引述一名仲介的話說，有個客戶為了得到一個兒子，換了五個代理孕母。[8]「這很丟臉。每次我們發現懷的是女孩，就得換一個代理孕母。」

代理孕母和親生父母也很容易遭到計生單位取締。二〇〇九年，三名同住在廣州一間國宅公寓裡的代理孕母被計生官員拖走並強行墮胎。「我當時一直哭，『我不要這樣做』，」懷雙胞胎已經四個月的年輕女性小紅對路透社說。「但他們還是把我拖進去，在我肚子上打了一針。」[9]

生殖醫學的進步不僅給了富裕的中國人一個規避一胎化政策的方法，也深化了收入不均的差異。在別的國家，「有錢人生財，沒錢人生小孩」也許是老生常談。在中國，有錢人則更容易兩全其美：不僅生財，還能多生小孩。愈來愈多財力雄厚或有人脈的家庭願意、也有能力繳交罰款，或者透過其他巧妙的方式來規避一胎化政策，其中包括在國內外接受生育治療。中國的窮人不是不能生超過一個孩子，但是一胎化政策法規的制定方式讓收入光譜兩端的人獲得最大的彈性：最窮的人住在農村地區，比較容易取得生一胎以上的豁免，而最富有的人，這些法規對他們的控管則是愈來愈淪為表面工夫。中國的中產階級才是最受這些規定約束的人；中國的窮人則是面臨最殘酷強迫手段的人。

八胞胎事件發生之後，新浪微博有一個用戶評論：「只要有錢，法律算什麼？」[10]另一個用戶說：「中國的法律是有錢人的法律。有錢人想生多少孩子都行，因為他們有錢繳罰款。」這則評論裡還貼了工廠女工馮建梅的照片，就是那名在懷孕晚期遭到強制墮胎的女性。[11]也許最能貼切表現出中國此刻境地的，其實是一部描述反烏托邦世界的小說，那就是是瑪格麗特·愛特伍（Margaret Atwood）的《使女的故事》（*The Handmaid's Tale*）。這個發生在未來的故事，背景設於一個令人聯想到哈佛大學的地方，那裡的人口因汙染而失去生育能力。女人成了商品，納妾的習俗捲土重來，以提高生孩子的機會。

中國正面臨嚴重的汙染問題，愈來愈多人把不孕歸因於汙染，但是科學家還不完全清楚汙染的影響為何，或者更確切地說，影響的是誰。[12]例如在二〇一三年，政府智庫中國科學院宣布針對空氣汙染和女性不孕之間的關係，展開一項為期五年的研究。[13]然而其他科學家認為，汙染危機影響的是男性而非女性。同一年，各家報紙都宣布上海正面臨一場「精子危機」[14]，當地主要精子庫中的精子只有三分之一達到世界衛生組織的標準。[15]幾項公開發表的研究也指出，環境狀況惡化與中國男性的精子品質下降有關。[16]要得出結論並不難。中國有超過六千萬名女性未能出生、在嬰兒時期被殺死或送人[17]，還有另外四千萬名女性不孕[18]，所以容易受孕的女性成了愈來愈稀有的商品，正如愛特伍小說中的情況。

這一點不僅顯現在代理孕母身上，更顯現在中國復甦的情婦文化上。這種風俗在共產黨統治之初衰落，但隨著資本主義興起而恢復了。官員有情婦又有幾個孩子的不良形象，在中國已經成為一種比喻。這些女性不僅是因為她們的美貌而受到青睞，更是因為她們年輕，可以生小孩。這些故事在腐敗官員被揭發時，往往不會被提及。湖南省德山的前城建局副局長鍾必峰則是被他的情人揭發。[19]她在湖南官方入口網站「紅網」的論壇中寫說，鍾必峰非常想要兒子，因此透過婚姻介紹所找到她，並且承諾如果她為他生一個兒子，就給她五十萬元人民幣。如果她懷的是女孩就要墮胎，但是會收到十萬元的補貼。「二〇一四年二月，我到他家裡找他時，遭到他的妻子毆打，」她寫道。後來鍾必峰被共產黨開除黨籍。

郴州市前副市長雷淵利有九個情人，他被抓到挪用公款供養她們，並為一名私生子設立信託基金。後來雷淵利因挪用公款和受賄被判處死刑，之後改判二十年有期徒刑。[20]

這些生殖實驗不僅限於中國本地，也不僅是中國的問題。因為，這樣的孩子有愈來愈多是在美國出生。

三

二〇一〇年，上海人蔣先生和他的妻子（依他們的要求稱為「珍妮佛」）透過美國代理孕母生下一個女兒，後來又生了一對雙胞胎。這三個孩子都是美國公民，因為美國是少數在其境內出生便可自動獲得公民身分的國家。但蔣先生說，那並不是他們選擇這種罕見受孕方式的原因。對他們夫婦這種富裕的人來說，有更容易的方法取得外國公民身分。「這樣的話要很多年。」蔣先生說。在美國出生的孩子要到二十一歲才能為外國籍的父母作保申請綠卡。此外，美國是少數要求公民即使生活在國外，也要繳稅的國家之一。「改持加拿大護照可以省很多稅。說實話，美國國籍現在對中國人來說不值那麼多錢。」

對他們而言，美國——或者更具體地說，加州——最有吸引力的地方是一流的生育服務，以及對代理孕母所生孩子的親生父母有可靠的法律保障，這些都是中國所沒有的。

蔣先生和珍妮佛結婚時都是典型的雅痞，兩人都在跨國公司做行銷工作，待遇高，也需要經常出差。他們都來自小家庭。三十六歲的蔣先生在一胎化政策實施前不久出生，有一個姊姊。珍妮佛是第一代獨生子女，沒有兄弟姊妹。家人強力催促他們早一點生孩子，但是珍妮佛在二〇〇八年被診斷出子宮偏小。這意味她幾乎絕對無法懷孕到足月。「我有點失望，但當時我還沒準備好做父親，」蔣先生說，「可是我的妻子很沮喪。她覺得這是她的問題，把一切都怪到自己頭上。」

我在上海見到蔣先生的時候，他漫長的求子之路已經結束多年。他穿著時髦的紅色貼身毛衣、皮褲，手上戴著一支看起來很昂貴的厚重手錶，就是據稱在深海潛水或攀登阿爾卑斯山時都能正常使用的那種。不過忙碌的蔣先生既沒時間也沒心思去做這些事情。

蔣先生現在經營生育諮詢公司「迪翊諮詢」。中國客戶在美國尋找捐卵者、捐精者、代理孕母和體外人工受精服務的市場迅速成長，蔣先生就是兩者的中間人。當然，這一切都要從他自己的經歷說起。他用冷靜分析而非裝模作樣的語調描述了自身經驗。

蔣氏夫婦在中國嘗試過很多次代孕。他們花了兩年時間和將近二十萬人民幣，卻一無所獲。其中一個代理孕母直接消失，一聲不響跑回老家。另外兩個沒有成功懷孕。蔣先生最初的想法是：「只要付錢就會有孩子；這很簡單，因為有方法規避法條。但是在中國，我們努力過之後發現事情沒那麼容易。」

中國和美國的體外人工受精服務差異很大。中國的生育服務院所人太多，醫病關係冷淡，而且基礎設施很原始，有時並不衛生。（「你得在男廁所裡面自慰，」蔣先生說。）

他開始探索海外的選項。除了美國以外，他還考慮過烏克蘭、印度和曼谷。在美國，包含人工體外受精、代孕、接生的套裝服務需要大約十二萬美元，他算起來是印度的三倍。但是美國的加州等州，對孩子親生父母的權利有健全的法律保障。印度和泰國有許多可怕的傳聞說，代理孕母生下的嬰兒沒有國籍、身分的法律狀態不明。蔣先生也排除了烏克蘭，「他們對外國人多收兩到三倍的費用，就跟三十年前的中國一樣。」

所以就是美國了。這是他們最後的機會。「我們情感上和財務上都無法再承受失敗了。我們寧願挑最好的地方，用最先進的的解決方案和程序。」蔣先生的父母甚至曾因為他妻子的生育問題而悄悄建議他考慮離婚。他說自己沒有向她提過這件事，但是「她感覺得到」。

蔣先生被一家美國仲介公司介紹給三個代理孕母。儘管其他兩人都住在南加州，離蔣先生所選那家位於聖塔莫尼卡的醫院比較近，他還是選擇了亞曼達．克萊沃庫斯基（Amanda Krywokulsky）；她住在要搭短程飛機才能到的舊金山灣區。蔣先生選中她，因為她是白人，丈夫是警察，這對他來說代表穩定。「我想，冒充警察是重罪，」他說，而且「文化上來講，我比較信任白人家庭。」

聽到蔣先生如此坦率地剖析自己的決定，感覺很奇特。我覺得美國人可能也會做出類似的決定，但不太可能公開表示自己偏好白人代理孕母。在中國，漢族人口占壓倒性多數，導致民眾對種族政治正確的微妙之處完全無感。在比佛利山莊經營代孕仲介公司的麗莎．齊雅（Lisa Chiya）說：「其他客戶對人口特徵不怎麼在意，但中國人很在意教育程度和種族。他們要求代理孕母要有大學文憑，還要是白人或拉丁裔，但是不要非洲裔美國人。他們總會說：『什麼都行，就是黑人代理孕母不行。』」[21]

我對這種偏見並不陌生，它有部分源自文化中對白皙皮膚的偏好。在中國人眼中，白就是美。對於這個正努力從種地的農民變成辦公室白領的民族來說，白皮膚也象徵成功。我的一個非裔美國朋友有一次憤慨地從北京一家水療中心奪門而出，因為他們努力向她推銷美白療程。業者就是不明白怎麼會有人覺得被冒犯。對她來說，人人都想當白富美。

蔣氏夫婦很幸運，在尋找代理孕母時沒有遇到類似的種族偏見。還有三對夫妻也被推薦給克萊沃庫斯基供她考慮，只有蔣氏夫婦是中國人。他們最吸引她，她說。「我想就是他們說到想要自己的孩子時的樣子吧，還有那些失敗的嘗試。這是他們的最後一搏。這打動了我。」

她是在一個朋友的建議下嘗試代孕的，那個朋友曾經代孕過兩次。克萊沃庫斯基懷自己兒子的時候很順利，也很享受懷孕的過程；這時她兒子還是幼兒。

「我想大家問得最多的問題之一就是，『你怎麼放得了手？』我告訴他們你要記住孩子在基因上來說並不是你的，長得也不會像你。對我來說，最重要的是能幫助別人。」

二〇〇九年耶誕節前後，蔣氏夫婦飛到美國，到克萊沃庫斯基位於郊區的家中拜訪她：那裡距離舊金山約兩個小時車程。克萊沃庫斯基帶他們參觀了自己家，並坦誠向家人介紹說他們就是她要幫助代孕的夫妻。「她人真的很好，」蔣先生說。

克萊沃庫斯基可靠的中產階級家庭背景讓蔣先生很安心。「她家裡環境很好，所以我想她這麼做不純粹是為了錢。」他說。「但沒有人是為了好玩而懷孕的，錢一定是個原因。」

克萊沃庫斯基的服務要收費三萬美元，這是市場的標準價格。考慮到她付出的時間和精力，這個價錢並不算高，而且很多我採訪過的代理孕母都說，財務誘因只是她們的部分動機。有時候，就連這種財務誘因都可能會變小。克萊沃庫斯基和她丈夫原本以為，她懷孕期間的醫療費用能靠丈夫工作提供的保險支付。但是保險公司後來卻向她收取了一半的產檢費用，高達一萬五千美元左右，並表明他們不為有償懷孕做全額給付。克萊沃庫斯基的一個朋友也收到類似的保險繳費單。有些生育諮詢機構現在會建議代理孕母按照《平價醫療法案》進行投保，因為該法案並未明確排除代理孕母的醫療費用給付，不過這一點可能會改變。

此行之後，蔣氏夫婦開始接受生育治療。二〇一〇年四月，他們在聖塔莫尼卡進行取卵和受精卵植入程序。四月中旬，克萊沃庫斯基懷孕了。兩週後，他們獲知這一胎只有一個孩子，夫婦倆有一點失望──「我希望是雙胞胎，因為我不想再做一次了。」蔣先生說。又過了兩週，傳來另一個讓他們有些失望的消息：掃描顯示胎兒是女的。蔣先生的父親一直希望能有個男孩來延續家族香火。「我跟自己說，勢必要再做一次了，」他說。

隨著孕期發展，這三個奔波於幾大洲的大忙人之間情誼日漸深厚。春天時，冰島的一座火山爆發，當時在瑞士工作的珍妮佛因此被困在當地數週。孤單又沮喪的她等著知道克萊沃庫斯基是否懷孕了。克萊沃庫斯基剛懷孕時出了一次小車禍。蔣先生說：「我看到電子郵件的時候，手心不停冒汗。我當時很衝動，想打電話給仲介公司，叫她遠離車輛，但我瞭解到這很愚蠢。那裡沒人搭乘大眾運輸系統。她是家庭主婦，我怎麼可以禁止她開車？」於是他學會了信任克萊沃庫斯基。

秋天時，他們的計畫出現問題。加州開始大幅縮減預算，克萊沃庫斯基的丈夫遭到裁員。在法國出差兩週的蔣先生主動提出飛到舊金山慰問克萊沃庫斯基。她失去保險，因此蔣先生按照《統一綜合預算協調法》支付了她的保險費用；這個價格昂貴的計畫讓剛失業的人得以繼續享有醫療保險，每個月的保險費超過六百美元。此時，克萊沃庫斯基懷孕已經五個月。

孩子在二〇一〇年十二月出生，是連續下雨一整週之後的第一個晴天。珍妮佛在克萊沃庫斯基分娩時一直握著她的手，生產過程很順利，時間也很短。「我想我用力了三次。」克萊沃庫斯基說。

所有人都哭了：蔣氏夫婦、克萊沃庫斯基、她的母親，「連護士都溼了眼眶，」克萊沃庫斯基說。

一年後，蔣氏夫婦開始考慮再生一個孩子。「看看中國的獨生子女家庭，很多孩子不知道如何分享。他們過得特別無聊，還被祖父母寵壞。」蔣先生說。他們還有幾個儲存起來的冷凍胚胎。他們再次聯繫克萊沃庫斯基，她同意了。

這一次情況不同。克萊沃庫斯基的兒子已經懂事了，會問一些問題。「我告訴他，『媽媽要幫別人生一個寶寶。』」克萊沃庫斯基說。結果她懷了兩個孩子。雙胞胎後來早產，比預產期提前了一個月。當時蔣先生的保險還未生效。沒有保險，雙胞胎每在加護病房一天，他就要支付大約一萬美元。最後醫院開給他的帳單高達二十八萬美元，不過蔣先生和醫院協商成功，把費用降到二十二萬，以現金支付。現在蔣先生會建議他要生雙胞胎的客戶購買早產保險。保費很高，要五萬美元，但是他說很值得。

這些費用的確很高，但是美國的生育諮詢顧問告訴我，這在中國客戶身上很常見。「他們從不會跟我討價還價，美國和其他國家的客戶就不是這樣，」《內行人的捐卵指南》（*The Insider's Guide to Egg Donation*）共同作者溫蒂．威爾森米勒（Wendie Wilson-Miller）對我說。[22]她自己也經營一家捐卵機構。

現在兩家人每週固定用Skype或電子郵件通話一次。「我在他們家中的地位很重要，就像一個住在遠方的姊姊，」克萊沃庫斯基說。

二〇一二年年末，蔣先生辭職創辦了迪翊諮詢。「我之前的工作，一年五十二週有三十二週都用來出差。現在有了三個孩子，我需要改善生活和工作的平衡。」他把客戶分成四類：不孕症患者；需要藉助第三方生育的單身男女；同性戀（「這沒有那麼少見，我認為這個國家有五千萬到六千萬名備受歧視的同性戀者〕；還有想規避一胎化政策的人，不過這類客戶近來沒有了。

最後一類的客戶包括那些如果超生就可能會失業的人，例如政府官員或者國營企業的主管。「這個類別的人很少，不到一〇%。我見到的人多數是不孕症患者，占了全部業務的七五%左右。」

蔣先生說，最近他為一些客戶做諮詢，得知想找代孕的父親是一名很害怕暴露身分的政府高官。最後客戶退出了。「基本上，大家來找我就是為了建立家庭。他們非常想要孩子，歸根究柢就是這樣。他們真的非常想要孩子。」

四

蔣先生的客戶只是大批赴美生子的人當中的一部分。相較於十年前美國人赴中國收養嬰兒所掀起的浪潮，這是個驚人的逆轉。雖然沒有可靠的數據指出這個現象的規模有多大，但是有充足的證據顯示赴美生子的人數近年來大幅增加。位於華盛頓特區的移民研究中心估計，美國每年約有四萬名所謂的生育遊客，但是並未依國籍分析這個數字。幾則新聞報導引用產婦管理組織（Maternal Management Organization）的估計數字，指出二〇一二年至少有一萬名中國「定錨嬰兒」在美國出生。該組織是一個知名度不高的網路平臺，致力於觀察及評估那些為赴美生子的中國婦女所設的月子中心。

月子中心是為了迎合中國人產後「坐月子」的傳統而設立的機構；有些人認為坐月子對母親和嬰兒將來的健康很重要。最近幾年，這類機構在南加州如雨後春筍般崛起，服務在美國生孩子的中國人。產婦在這裡住上六週，全套服務的價錢通常是三萬美元起跳。這些月子中心也成了反移民運動明顯而集中的目標，因為極端分子呼籲美國政府修訂憲法第十四條修正案的聲浪日漸高漲，這條修正案賦予所有在美國出生或歸化美國的人公民身分。自二〇一〇年起，搜查月子中心的行動便有所增加，《華爾街日報》表示，二〇一三年一項有聯邦調查員參與的大規模行動「最終很可能會演變成有史以來針對蓬勃發展的『定錨嬰兒』產業的最大宗刑事案件」。[23]

因此，坐月子這個產業很可能轉向地下或被消滅。下一個遭殃的可能會是迎合中國市場的生殖服務，這個行業的高級客戶消費達十二萬至十五萬美元。有些人使用生育服務可能不是因為不孕，而是想利用生殖技術來生出自己想要的孩子。這通常意味著選擇胎兒的性別和數量——雙胞胎最受偏愛——以及篩除遺傳疾病。在需要捐卵者時，因為考慮到基因遺傳的因素，中國父母也會試圖篩選智力、身高、長相、血型、甚至雙眼皮等特徵。

「每個人來找我們，都想要聰明的孩子，但是無論他們嘴上怎麼說，每種文化的人都會在美貌與聰明之間選擇前者，」威爾森米勒說。「不過中國人幾乎都想要高個子，至少一百六十八公分以上。他們會問關於雙眼皮的問題；他們會想看捐卵者小時候的照片，以判斷對方是否動過眼皮整形手術。」[24]

卵子提供機構說，東亞裔捐卵者為數不多，所以要求的津貼通常很高，然而過去幾年中國父母大舉進入市場，已經導致東亞卵子一卵難求。通常捐卵者能獲得約六千美元的補貼，但是東亞的捐卵者可以拿到二至三倍的金額。「每遇到一個華裔捐卵者，我都能讓她捐十輪。」威爾森米勒說。（專家說捐卵者捐卵不應超過六輪，以免危害健康。）

威爾森米勒的東亞捐卵者幾乎全都是持學生簽證待在美國的大學生。現在捐卵者依然供不應求，這愈加導致了一種怪異的循環：來自臺灣和中國的捐卵者被送到美國幫忙製造嬰兒，生下的嬰兒再被帶回中國。

我採訪蔣先生的時候，他正準備著手安排一名臺灣捐卵者進行這樣的交易。臺灣捐卵者備受青睞，因為她們可以免簽證入境美國。不過最近中國人申請美國簽證的條件放寬了，所以情況有所改變。「我們得想辦法滿足需求，」威爾森米勒說，「我們的華裔捐卵者不夠多。」

中國人並不是唯一利用這些所謂嬰兒訂作技術的民族，但可能是各國人當中最狂熱的。他們的人數和經濟實力將會對這個正在發展的市場造成重大影響。

由於一胎化政策之故，中國人已經習於將生育視為一種改善社會和刺激社會流動的工具。在生育這件事上做割捨成為一種根深柢固的思維，他們也已經習慣控制自己孩子的數量和性別，有些人甚至透過捐卵者篩選智力、身高和長相。這離「訂做嬰兒」已經不遠。二〇一二年在長沙市所做的一項調查中，將近四百名受訪者被問及他們比較偏好哪一種基因篩選。半數以上的受訪者表示他們比較偏好與健康有關的基因篩選，二三%的人選擇「優生學」，也就是篩選出聰明的孩子。[25]

如果透過基因篩選智力真的可行，情況會是如何？針對這個領域的研究已經在進行了。二〇一三年，全球最大的基因定序機構——深圳華大基因研究院的研究人員開始了一個探索人類智慧基因基礎的計畫。這種事有沒有可能成真，現在說還太早。很多科學家主張，人的智力太過複雜，不可能只屬於某個單一的基因組成部分。深圳華大基因研究院為這個計畫投入巨大的資源，也聚集了一批頂尖人才，包括行為遺傳學家普洛明（Robert Plomin）和密西根大學物理學家徐道輝（Steve Hsu）。這個團隊最令人好奇的成員大概就是計畫主持人趙柏聞，他是一個高中輟學的天才，十五歲就與人共同撰寫一份黃瓜基因定序的研究論文。趙柏聞相信，「人應該要能自由操控自己孩子的智商。這是他們的選擇。」[26]

華大基因的團隊預測，在他們有生之年，進行人工體外受精的人將可選擇智力基因標記較優秀的胚胎，父母因而能在產前把孩子的智商提高最多二十分。[27]

儘管這個情境還只在預測階段，卻讓我憂心。一胎化政策已經擴大了中國的不平等現象。如果你有錢，你已經可以多生孩子而少受懲罰。如果這些孩子還能更聰明，更不容易生病，個子也更高呢？那麼中國就會更接近赫胥黎在《美麗新世界》中描繪的反烏托邦社會；在那裡，人是在實驗室裡創造和分類出來的。阿爾法（Alpha）是統治者，而埃普西隆（Epsilon）這樣的勞動階級則認知不全，天生就被設計得永遠不會嚮往超越自己的階級。

一九九五年，中國通過《母嬰保健法》，禁止「有嚴重遺傳性疾病」的夫婦生育子女。[28]法條中列出的疾病包括智能障礙、精神病和癲癇。患有這些疾病的夫婦必須進行強制性的婚前醫療檢查。這項措施引起極大爭議，再次引發國際社會對中國實施優生學的譴責。

事實上，這部全國性法律的措辭還被認為是比較溫和的，有些省分的規定更直截了當。一九八八年，甘肅省通過地方法規，禁止「弱智、白癡和呆子進行繁殖」。[29]二〇〇二年，甘肅廢止了那套法規。二〇〇三年，婚前醫療檢查的規定悄然廢除後，《母嬰保健法》的影響也大大減弱。

五

全世界人口最多的國家出現嬰兒短缺時，會發生什麼事？

過去二十年來，中國的生育率一直低於人口替代率。同時，大量老年人口、勞動力短缺、女性人數不足這些問題可以透過生育率上升來得到最好的改善，但是生育率並沒有上升，而且也許永遠不會上升了。

實施三十多年的一胎化政策後，共產黨終於開始採取措施以終結這項政策，卻沮喪地發現很多中產階級的中國人不願意生超過一個孩子。

如我們所見，中國在二〇一三年透過「單獨」政策允許更多夫妻生育二胎——夫妻雙方只要有一方是獨生子女即可——但是人民接受的狀況甚至遠比最悲觀的預測還要差。有資格的夫妻中，只有十分之一申請了二胎許可。[30]即使民調顯示想要生育二胎的夫妻很多，卻有很多人說實際上這會令他們負擔不起、壓力太大、對他們個人目標的衝擊太強。也有許多人把生育視為一種社會流動的策略：只生一個孩子，他們就可以把資源集中，培養出更成功的小孩。「生兩個孩子反而被當作自私，不是好父母，」人口學者馬小紅對《華盛頓郵報》記者說。[31]

就這個意義而言，一胎化政策可以被判定是巨大的成功，因為它改變了中國人的心態。我有一個年輕朋友說過：「多年來，政府一直在教育人民說計劃生育是最好的家庭形式。它會帶來財富、幸福和比較不擁擠的社會。我認為這種宣傳很成功，一胎化政策也的確提升了很多家庭的生活水準。對成長於獨生子女家庭的我來說，只生一個孩子似乎很自然。」

也許一胎化政策有效的證據就在於它已經過時了：人口學者馬小紅針對中國父母為何只

生一胎的調查顯示，六〇%的父母說一胎化政策和他們的決定沒有關係。[32]

哈佛大學教授葛蘇珊曾經提出，中國的生育率迅速下降，與官員採用的激烈強迫手段並無太大關聯，而是和中國社會認為控制生育可以促成向社會上層流動更有關係。在繁殖方面，「中國人可說是極端經濟理性主義的案例，」葛蘇珊寫道。[33]

在赫胥黎的《美麗新世界》中，獨裁者穆斯塔法．蒙德（Mustapha Mond）提出理由說，讓孩子在實驗室中孵化的世界，運行得比較好。「世界現在很穩定。人民很幸福，他們可以得到自己想要的，而且永遠不會想要自己得不到的。他們富裕、安全、從不生病、不怕死亡；他們很幸福，對熱情和衰老一無所知；他們沒有父親或母親帶來的困擾。」

故事的主角野人藉由頌讚人類的不理性來表達出他的反抗：「但我不要舒適。我要上帝。我要詩意。我要真正的危險，我要自由，我要善良，我要罪惡。」

中國的問題遲早會成為每一個東亞重要經濟體的問題：人口縮減。幾乎所有的已開發國家都面臨到這個問題。那些從奉行反生育政策轉為提倡生育政策的國家，到目前為止都發現要把生小孩的開關打開，遠比關上它難得多。

到了二〇二五年，印度將取代中國成為世界上人口最多的國家，中國會很高興讓出這個寶座。二〇二〇至二〇三〇年之間的某個時候，中國的絕對人口將達到高峰，之後開始減少。根據學者陳友華的預估，到了二一〇〇年，中國的人口可能會縮減到一九五〇年的水準，大約是五億。

也許共產黨能夠扭轉局勢，畢竟他們曾經發起現代史上最成功的反生育運動。但我猜測這件事就算不是絕對辦不到，也會很艱難。以純粹數字運算的心態看待生育問題，這種觀念已經深入中國人的心理。到頭來，一胎化政策造成的最大傷害或許是它強迫民眾理性思考——也許太過理性——為人父母這件事。然而成為父母，卻是帶著一種無窮的能力躍進未知，這種能力可以讓我們更加理解生存與愛的意義。

後記

我在中國做的體外人工受精療程失敗了。我沒有懷孕。

簡單來說，體外人工受精術就是在實驗室中結合最優質的卵子和精子。理論上而言，這把懷孕搞得有點像灌籃，也像讓競走選手騎自行車。然而下一個階段，亦即把胚胎植入體內並等待結果，觀察是否正常懷孕，就是科學依然無法控制的領域了。胚胎有時候會著床，有時候不會。我沒有「著床成功」，沒有擦出火花。至於為什麼不能，醫生和我一樣，都百思不得其解。

所以我毅然決定辭去工作，離開中國。我曾經希望自己能繼續工作，同時當個母親，但事與願違。我內心深處有著半信半疑的恐懼，擔心不斷趕稿的生活方式和北京的汙染是我不孕的罪魁禍首。我必須停下來，學習站穩腳步。

二〇〇九年年末，我們離開中國位於內陸的首都，來到加州的威尼斯海灘。兩地的差異有如天壤之別。沒有北京的霧霾，只有太平洋海岸的滾滾霧氣。我看到的不再是黑髮的通勤人海，而是悠閒漫步在加州陽光中的金髮人士和綁雷鬼頭的人，身上還散發著大麻的味道。

我想念北京，那裡儘管有種種不便，也依然讓人興奮不已，同時又存在出人意料的平靜角落。我渴望沿著紫禁城的護城河騎腳踏車兜風，渴望看露天理髮師在垂柳的樹蔭下幫人理髮。在北京生活，完全無法把任何事當作理所當然。每一個看得到藍天的日子都是一種恩賜。北京讓人精神緊繃，也讓人分外敏銳。如今的我則像包裹在柔軟舒適的棉花中。

過去生活的殘跡還在。我會在十字路口呆住，對汽車停下來讓路給行人感到訝異。有一回體檢，醫生聽到我的肺部有雜音，叫我不要再抽菸了。（我不抽菸，從來沒抽過。）我又可以直接喝自來水了，而且水裡的氟化物幫我除去了牙齒上因為喝了數年瓶裝水而形成的黃色。

我開始和一些想在家裡進行水中分娩、而且不相信麻疹疫苗的女性一起上產前瑜伽課。我告訴我的準媽媽朋友我需要靠藥物，而且是「很多的藥物」來設法懷孕時，她們一邊做著優雅的瑜珈動作，一邊用同情的眼光看著我。

我不再反射性地查看新聞，試著讓自己進入一種佛祖修行般的平靜狀態。我又開始了體外人工受精療程。

我喜歡覺得自己高尚地避免了那些經過計算、並且讓我感到憂慮的高科技選擇：預先篩除遺傳疾病、選擇性別、選擇多胞胎。事實是，我根本沒有想到這件事。我為了懷孕吃足苦頭，從未想過還要在生殖選擇中挑挑揀揀。所以我做諮詢時也沒說自己想要雙胞胎或想要男孩，結果我懷了一對雙胞胎男孩。

二〇一〇年，我的雙胞胎兒子出生了。先出來的是永德，一分鐘後出來的是穩德。醫生把穩德從我體內接出來後，他很有戲地高舉小小的雙臂，擺出芭蕾舞優雅的趾尖旋轉姿勢。那是一個完美的畫面。他們看起來就像還沒長毛的小雞，模樣很俊美。

我坐了月子，但是有洗澡，也有出外散步，陶醉在一種對孩子無限愛慕的喜悅中。我看著穩德和永德一天天長胖，大腿上的肉肥嘟嘟的，讓我總愛去捏一捏。那些有兩個昏昏欲睡的寶寶在我身旁，伴著我在吊扇下度過的漫長夏日午後，將永遠留在我腦海裡，是我此生最安詳的時光。

回首人生轉過的這道彎，我幾乎認不出現在的自己。再也不用突然趕赴衝突地區，再也不用為了寫出即時報導而心跳加速。我必須安定下來，我必須交出自己，我必須忘我地生活。

我是家裡的老么，所以在生孩子之前早就有了外甥和外甥女。對家人來說，我是那個讓人興奮的阿姨，那個去異國他鄉、帶著罕見紀念品回來給他們的阿姨，那個在油井漏油時潛入海中、靠著口才說服別人讓她涉入不該涉足之地的阿姨。一個外甥有次告訴我說：「美姨，不要生孩子。生了孩子你就會變得很無趣。」如今我有了孩子，也的確很無趣。歐魯克（P.J. O'Rourke）是怎麼說的？「別想著要成為楊波．貝蒙（Jean-Paul Belmondo）／應該嚮往的是擁有兩個孩子和一棟房子。」

孩子睡覺前，我會說故事給他們聽。有些是中國民間故事，像后羿射日或嫦娥奔月。也有我們聽膩了的格林或安徒生童話。對永德和穩德來說，最棒的故事常常是最血腥的那些。我說「然後，他就把那個人殺了」的時候，總會激發他們的想像，儘管他們還不瞭解這句話的意思。在他們想像中的魔幻國度，生母去世，繼母出現，孩子被放逐，還有永遠吃不飽的餓狼在嚎叫。

有一天我會告訴他們從前有個國家一貧如洗，皇帝下令每家都只能生一個孩子。我會提到這片土地如何被一種巨大的悲傷籠罩，提到大家是怎樣送走自己的小孩，或者偷走別人的孩子，或者尋求魔法師幫助，讓自己唯一的寶貝孩子成為最強壯、最聰明的人。我也會講到那裡的嬰兒怎麼會變得愈來愈少，最後變成一個老人的國度。

我不知道這個故事的結局。

故事說完，我清醒地躺在熟睡的孩子身邊，他們平穩規律的呼吸聲是世上最安靜，也最令人恐懼的聲音。

謝誌

這本書是我在亞洲二十年的採訪報導以及一輩子身為華人女兒的結晶。

我開始在面積很小的新加坡當記者的時候，我發現那裡的人都很怕自己說的話被報導引述。在一個人口五百萬而且誹謗罪很重的島上，害怕得罪人也十分合理。所以我要先向許多願意告訴我他們所知的人最大的感謝。沒有他們的坦率與慷慨，這本書就沒有辦法寫出來。

寫作這本書的過程中，我必須接觸各種像人口學與醫療照護這樣不同的領域，我極為感謝許多向我分享他們自身專業知識的人：王峰、蔡勇、Dan Goodkind、Nicholas Eberstadt、Bill Lavely、吳有水、梁中堂、張二力、Joshua Kurtzig、Zhao Yaohui、Lena Edlund、Lisa Cameron、Vanessa Fong、Arthur Kroeber、Joan Kaufman、Matthew Connelly、陳紅、Jennifer Lee、Changfu Chang、Jamie Metzl、Tex Cox、Harry Wu、Steve Mosher與Clayton

Dube。我也非常感謝Susan Greenhalgh和Thomas Scharping的著作，對於研究中國人口政策的歷史很有幫助。

我同樣非常感謝許多對本書初稿提出極具價值的批評的朋友、作家與記者：Evelyn Iritani、Andrew Batson、Matt Richards、Sebastian Tong、Peter Herford、Liu Shuang、Ron Orol、Kathleen McLaughlin、Lucy Hornby、Kathy Chen、Geoff Fowler、Kevin Voigt、Doug Young、Amanda Whitfort、Alison DeSouza、Carla Sapsford、Ian Johnson、Scott Tong、Rob Schmitz、Eva Woo、Joy Chen、Isaac Stone Fish、Gary Okihiro、Marina Henriquez、Carol Quinn、Hessie Nguyen與Barry Newman。此外還有在採訪旅途中熱心幫助我的朋友，包括Marsha Cooke、Gu Qiao、Robin and Jasmine Lewis和Sue Ward。

同樣也要感謝Will Schwalbe、Matthew Pang、Peter Ford、Evan Osnos、Martin Roessingh、Tiff Roberts、Deb and Jim Fallows、Jes Randrup Nielsen、Mara Hvistandahl、倪青青、Leta Hong Fincher、Anthony Kuhn、Peh Shing Huei、Li Yuan、Jonathan Kaufman、Hao Wu、Emily Rauhala、Duncan Clark、Richard Burger、Jerome Cohen、Patrick Radden Keefe、Peter Cohn、Sara Dorow、Patty Meier、Patti Smith、Jena Martinberg、Didi Kirsten Tatlow、Mitchell Zuckoff，還有APA Media Mavens以及Asian/Pacific Islander Women Writers的臉書社團，感謝他們的建議、人脈和洞見。

衷心感謝我的前上司Rebecca Blumenstein引導一位馬來西亞人拿到從來不敢奢望的普立茲獎；為我香港與中國辦公室的同事喝采，這麼夢幻的團隊我恐怕無法在新聞界遇到。也為駐在中國的外國媒體公司喝采，我深深希望北京當局會放寬簽證限制，讓你們繼續自己極有價值的工作。

沒有以下這些研究者的陪伴與投入，這本書就無法完成：Kersten Zhang、Ellen Zhu、Sue Feng、Gao Sen、Helena Yu、Yan Shuang、Hu Pan、Violet Tian、Echo Xie、Brandon Yu、Janet Lundblad、Fu Tao、Shako Liu與Cecilia Xie；特別要感謝你們有些還陪我一起踏上經常很不舒服、有時候甚至相當危險的旅途，而且毫無怨言。

如果早期沒有一些老師、編輯與指導者的鼓勵，我可能會在吉隆坡當一個平庸又不開心的鋼琴老師，他們像是：Constance Singam、Yeap Gaik Koon、Laura Abraham、Junie Simon、Lee Ching Pei、Charlie Letts、Gopal Baratham、Tan Wang Joo、8 Days' Michael Chiang、Rahul Pathak、新加坡國立大學的Robbie Goh與Susan Ang、哥倫比亞大學的Bill Berkeley的Dave Fondiller，還有來自Singapore Press Holdings與Lee Foundation的獎學金的協助。

學生也是我的老師，非常感謝我在南加大安娜堡學院及汕頭大學的學生，他們讓我學到許多。也感謝《華爾街日報》的Cathy Panagoulias與Laurie Hays，他們給我為這份報紙撰稿的機會，在我毫無信心的時候對我充分信任。

特別感謝我的經紀人約翰與麥克斯．布羅克曼父子（John and Max Brockman）、編輯Ben Hyman，以及文字編輯Barbara Wood，這本書在她的幫助下以我想像不到的方式化為實際。此外，感謝New America Foundation提供協助與知識上的陪伴。如果沒有這樣的陪伴，寫作的歷程會更為寂寞。

最後，這本書是關於家人的，我每天都很感謝自己的家人。我的母親與姊妹教導我重視女性的力量；我丈夫的母親與姊妹幫忙閱讀初稿、翻譯，並在我專注寫作的時候確保我的小孩有吃飽；我的孩子提醒了我最重要的事情是什麼；然後，我知道在謝誌裡頭不提配偶幾乎可以導致離婚，不過我是真的非常感謝我丈夫Andrew，他在數不盡的事情上都是我的支持與後盾。

有些人說家庭的牽絆太大對個人有礙，但唯有在這樣的穩定力量當中我們才能飛翔。

注釋

前言

1 關於一胎化政策開始實施的時間點有一些爭論，因為一九七九年就已經展開一些前導計畫，不過一九八〇年九月二十五日被廣泛認為是全國性計畫的開始。

2 與作者的訪談，June 13, 2014.

3 Xin Dingding, "One in Four Chinese 'Aged Above 65 by 2050,'" *China Daily*, May 20, 2010, http://www.chinadaily.com.cn/china/2010-05/20/content_9870078.htm.

4 James Tulloch, "How China's Demographics Affect Its Workforce," *Open Knowledge*, Allianz.com, April 24, 2010, http://knowledge.allianz.com/demography/population/?369/

how-chinas-demographics-affect-its-workforce.

5 根據中國國家統計局的資料，許多報刊都引用過，例如 “China’ s One-Child Policy Backfires as Labor Pool Shrinks Again,” *Bloomberg Business,* January 20, 2015, http://www.bloomberg.com/news/articles/2015-01-20/china-s-one-child-policy-backfire-deepens-as-labor-pool-shrinks.

6 “Only 1/10th Chinese Couples Had 2nd Child After Policy Relaxed,” *Press Trust of India,* March 10, 2015, http://www.business-standard.com/article/pti-stories/only-1-10th-chinese-couples-had-2nd-child-after-policy-relaxed-115031001049_1.html.

7 Anthony Kuhn, “One County Provides Preview of China’ s Looming Aging Crisis,” National Public Radio website, January 14, 2015, http://www.npr.org/blogs/parallels/2015/01/14/377190697/one-county-provides-preview-of-chinas-looming-aging-crisis.

8 與作者的電子郵件通信，June 29, 2015.

9 Wang Feng, Cai Yong, and Gu Baochang, “Population, Policy and Politics: How Will History Judge the One-Child Policy?,” *Population and Development Review* 38, Issue Supplement s1 (February 2013): 115–29.

10 “The Deepest Cuts,” *Economist,* September 20, 2014, http://www.economist.com/news/

briefing/21618680-our-guide-actions-have-done-most-slow-global-warming-deepest-cuts.

11 United States Department of Energy, Carbon Dioxide Information Analysis Center, 2010 CO2 Emission Data, http://cdiac.ornl.gov/trends/emis/top2010.tot.

12 Charles R. Clement, "Is the World Ready for a One-Child Policy?," *Science,* November 12, 2010.

13 Diane Francis, "The Real Inconvenient Truth," *Financial Post,* December 14, 2009, http://www.financialpost.com/story.html?id=2314438.

14 與作者的訪談，November 5, 2013. 波茨後來進一步闡述他的觀點，說這個政策是「出於真心相信一胎化政策是讓人民脫離貧窮的唯一方法（或許錯了），就算實行起來會很困難」（與作者的電子郵件通信，August 13, 2015）。

1 地震過後

1 Susan Greenhalgh, *Just One Child: Science and Policy in Deng's China* (Oakland: University of California Press, 2008), 202.

2 溫建敏，「中國最早計劃生育市什邡提前進入老齡社會，三十年少生四十萬人」，四川在線・January 6, 2014, http://sichuan.scol.com.cn/dwzw/content/2014-01/06/content_6713125.htm.

3 Bettina Wassener, "Vanity Plates a Perfect Match for Flashy Hong Kong," *New York Times,* September 24, 2012, http://www.nytimes.com/2012/09/25/business/global/vanity-plates-a-perfect-match-for-flashy-hong-kong.html?_r=0.

4 Avraham Ebenstein, "The Missing Girls of China and the Unintended Consequences of the One Child Policy," *Journal of Human Resources* 45, no. 1 (2010), https://scholars.huji.ac.il/sites/default/files/avrahamebenstein/files/ebenstein_onechildpolicy_2010.pdf.

5 Leslie T. Chang, "For Many in China, the One-Child Policy Is Already Irrelevant," *Chinafile,* March 19, 2013, http://www.chinafile.com/many-china-one-child-policy-already-irrelevant.

6 "China Pension Fund Gap to Top 80 Pct of 2011 GDP by 2050," Reuters, December 13, 2012, http://www.reuters.com/article/2012/12/13/china-economy-pension-idUSL4N09N2QH20121213.

7 Wang Feng, Cai Yong, and Gu Baochang, "Population, Policy and Politics: How Will History Judge the One-Child Policy?"

8 Martin King Whyte, Wang Feng, and Cai Yong, "Challenging Myths About China' s One-

Child Policy," *The China Journal* no. 74 (2015), 1324-9347/2015/7401-0009, Australian National University.

9 Stephanie Gordon, "China' s Hidden Children," *The Diplomat,* March 12, 2015, http://thediplomat.com/2015/03/chinas-hidden-children/.

10 張慶洲，《唐山警世錄——七・二八大地震漏報始末》，（上海：上海人民出版社，2006）。

2 時間來到二〇〇八年八月八日

1 "History of No-Scalpel Vasectomy (NSV)," Weill Cornell Medical College, Department of Urology, https://www.cornellurology.com/clinical-conditions/no-scalpel-vasectomy/history/.

2 Bing Xu and Jinbo Zhu, "An Analysis of Sichuan Province' s Success in Promoting Male Sterilization Operation," *Chinese Journal of Family Planning,* no. 5 (1993).

3 Jeremy Blum, "Babies Do Not Come from Rubbish Dumps, Chinese Sex Education Video Says," *South China Morning Post*, November 7, 2013, http://www.scmp.com/lifestyle/family-education/article/1350056/babies-do-not-come-rubbish-dumps-sex-education-video-

says.

4 Michael Bristow, "China Activist Huang Qi Sentenced to Three Years," BBC News, November 23, 2009, http://news.bbc.co.uk/2/hi/asia-pacific/8373573.stm.

5 Tania Branigan, "Chinese Teacher Sent to Labour Camp for Earthquake Photos," *The Guardian,* July 30, 2008, http://www.theguardian.com/world/2008/jul/30/chinaearthquake.china.

6 "Chinese Earthquake Activist Tan Zuoren Released After Five-Year Prison Term," *The Guardian,* March 27, 2014, http://www.theguardian.com/world/2014/mar/27/chinese-activist-tan-zouren-released-five-year-prison-term.

7 Mei Fong, "A Deformed Doughnut? No, China' s TV Tower!," *Wall Street Journal,* November 7, 2007, http://www.buro-os.com/a-deformed-doughnut-no-chinas-tv-tower/.

8 Mei Fong, "CCTV Tower Mirrors Beijing' s Rising Ambitions," *Wall Street Journal,* November 7, 2007, http://www.wsj.com/articles/SB119438152241184281.

9 Mei Fong, "Tired of Laughter, Beijing Gets Rid of Bad Translations," *Wall Street Journal,* February 5, 2007, http://www.wsj.com/articles/SB117063961235897853.

10 張海山，「五福娃變巫娃，奧運吉祥物開幕式被封殺」，大紀元網站，August 10, 2008,

http://www.epochtimes.com/b5/8/8/11/n2224032.htm.

11 Zheng Yu, "Beijing Uses High-Tech to Prevent Rain from Dampening Olympic Opening," *Xinhua* website, July 28, 2008, http://news.xinhuanet.com/english/2008-07/28/content_8787101.htm.

12 Brook Larmer, *Operation Yao Ming: The Chinese Sports Empire, American Big Business and the Making of an NBA Superstar* (New York: Gotham Books, 2005).

13 Klaus Brinkbaumer and Bernhard Zand, "Basketball Great Yao Ming: 'Never Underestimate Strength of Character,' " *Spiegel Online,* January 23, 2014, http://www.spiegel.de/international/world/spiegel-interview-with-former-chinese-basketball-star-yao-ming-a-944567.html.

14 Peh Shing Huei, *When the Party Ends: China's Leaps and Stumbles After the Beijing Olympics* (Singapore: Straits Times Press, 2013).

15 "China: 5,335 Students Killed or Missing After 2008 Quake," CNN website, May 10, 2009, http://edition.cnn.com/2009/WORLD/asiapcf/05/07/china.quake.deaths/index.html?NMW_TRANS=ext.

16 Beibei Bao, "Shidu: When Chinese Parents Forced to Have One Child Lose That Child,"

Atlantic, May 9, 2013, http://www.theatlantic.com/china/archive/2013/05/shidu-when-chinese-parents-forced-to-have-one-child-lose-that-child/275691/.

17 牛遠飛，「失獨家庭遭遇養老難題」，大眾網，February 21, 2013, http://paper.dzwww.com/dzrb/content/20130221/Articel11002MT.htm；吉可與吳瓊，「不買墓地因今後無人掃墓，近千失獨家庭之痛誰人知」，明珠新聞，May 23, 2012, http://news.thmz.com/col89/2012/05/2012-05-231124828_2.html.

18 牛遠飛，「中國失獨家庭未來將達一千萬，父母多患抑鬱症」，騰訊網，April 10, 2013, http://news.qq.com/a/20130410/000084.htm.

3 卡珊德拉與火箭專家

1 與作者的訪談，August 2013.

2 Greenhalgh, *Just One Child,* 181.

3 Ibid., 182.

4 Thomas Scharping, *Birth Control in China, 1949–2000: Population Policy and Demographic Development* (Oxford: Routledge, 2003), 51.

5 Ibid.

6 Saying attributed to Channing Pollock.

7 Mike Edwards, "Marco Polo, Part II: In China," *National Geographic,* June 2001, http://ngm.nationalgeographic.com/print/features/world/asia/china/marco-polo-ii-text.

8 Monty Python, "I Like Chinese," 1980.

9 Scharping, *Birth Control in China, 1949–2000,* 49.

10 根據世界銀行的數字。

11 Ted Alcorn and Bao Beibei, "China' s Fertility Policy Persists, Despite Debate," *The Lancet* 378 (October 29, 2011), http://www.thelancet.com/pdfs/journals/lancet/PIIS0140-6736%2811%2961661-9.pdf.

12 宋健，「百年人口預測報告」，新華社，February 13, 1980.

13 類似的對比可見 Susan Greenhalgh in *Just One Child,* 228.

14 Malcolm Moore, "Thirty Years of China' s One-Child Policy," *The Telegraph,* September 25, 2010, http://www.telegraph.co.uk/news/worldnews/asia/china/8024862/Thirty-years-of-Chinas-onechild-policy.html.

15 Paul R. Ehrlich, *The Population Bomb: Population Control or Race to Oblivion?* (Rivercity,

MA: Rivercity Press, 1975, republished from the 1968 version by special arrangement with Ballantine Books), prologue.

16 Donella H. Meadows, Dennis L. Meadows, Jorgen Randers, and William W. Behrens III, *The Limits to Growth* (New York: Signet Books, 1972).

17 諷刺的是，現今的新加坡透過生育鼓勵政策和設立政府資助的婚姻媒合單位，極力想提高生育率（新加坡的生育率處於全球最低水平）。負責幫助媒合的社會發展部門（Social Development Unit）簡稱SDU，被戲稱為「單身，絕望，醜陋」(Single, Desperate, and Ugly）。

18 Tyrene White, *China's Longest Campaign: Birth Planning in the People's Republic, 1949–2005* (Ithaca: Cornell University Press, 2006).

19 與作者的訪談，August 4, 2014.

20 Evan Feigenbaum, *China's Techno-Warriors: National Security and Strategic Competition from the Nuclear to the Information Age* (Stanford, CA: Stanford University Press, 2003).

21 Mara Hvistendahl, *Unnatural Selection: Choosing Boys over Girls, and the Consequences for a World Full of Men* (New York: PublicAffairs Press, 2011).

22 Greenhalgh, *Just One Child,* 228.

23 馬寅初在一胎化政策實施三年後就過世了，他在世的時候還沒有獲得一胎化政策之父的光環。

24 Greenhalgh, *Just One Child,* 218.

25 出自梁中堂文集與訪談錄。

26 梁中堂，「我的自述」，梁中堂的博客，August 23, 2009, http://liangzhongtang.blog.163.com/blog/static/10942650820097230340812/.

27 Ibid.

28 宋健、于景元，《人口控制論》（北京：科學出版社，1985）。

29 Greenhalgh, *Just One Child,* 159.

30 Ibid.

31 "The Most Surprising Demographic Crisis," *Economist,* May 5, 2011, http://www.economist.com/node/18651512.

32 Matthew Connelly, *Fatal Misconception: The Struggle to Control World Population* (Cambridge, MA: Harvard Belknap Press, 2010).

33 Margaret Besheer, "UN: Global Population Expected to Top 8 Billion by 2025," Voice of America, June 13, 2013, http://www.voanews.com/content/un-africa-to-drive-rise-in-world-

population-in-2050/1681300.html.

34 Sarah Williams, "Experts Be Damned: World Population Will Continue to Rise," *Science,* September 18, 2014, http://news.sciencemag.org/economics/2014/09/experts-be-damned-world-population-will-continue-rise.

35 Floyd Norris, "Population Growth Forecast from the U.N. May Be Too High," *New York Times,* September 20, 2013, http://www.nytimes.com/2013/09/21/business/uns-forecast-of-population-growth-may-be-too-high.html.

36 與作者的電子郵件通信，June 29, 2015.

37 與作者的訪談，August 4, 2014.

38 http://www.chinavitae.com/biography/Song_Jian/career.

39 宋健、于景元，《人口控制論》。

40 顧寶昌、王峰，《八百萬人的實踐》（北京：社會科學文獻出版社，2009）。

41 Gu Baochang, Song Jian, Liu Shuang, Wang Jinying, and Jiang Lihua, "Practice and Inspirations of Two Child Fertility Policy Areas," *Journal of Population Research* 32, no. 4 (July 2008).

42 與作者的訪談，September 10, 2014.

43 與作者的訪談，September 10, 2014.

44 梁健章、李建新，《中國人太多了嗎？》（北京：社會科學文獻出版社，2012）。

45 與作者的訪談，August 20, 2013.

46 Hannah Beech, "China: Forced-Abortion Victim Promised $11,200, but Family Fears for Life," *Time,* July 13, 2012, http://world.time.com/2012/07/13/china-forced-abortion-victim-awarded-11200-fears-for-life/.

47 Malcolm Moore, "China 'Forced Abortion' Photograph Causes Outrage," *The Telegraph,* June 14, 2013, http://www.telegraph.co.uk/news/worldnews/asia/china/9331232/China-forced-abortion-photograph-causes-outrage.html.

48 Steven W. Mosher, *Broken Earth: The Rural Chinese* (New York: Free Press, 1984).

49 Frank Langfitt, "After a Forced Abortion, a Roaring Debate in China," National Public Radio website, July 5, 2012, http://www.npr.org/2012/07/05/156211106/after-a-forced-abortion-a-roaring-debate-in-china.

50 Sui-Lee Wee, "Investors Look to Nappies, Pianos as China Drops One Child Policy," *Independent,* November 20, 2013, http://www.independent.ie/business/world/investors-look-to-nappies-pianos-as-china-drops-one-child-policy-29768127.html.

51 Danielle Demetriou, "Japanese Companies Relish China' s One-Child Policy Reform," *The National,* January 14, 2014, http://www.thenational.ae/business/industry-insights/economics/japanese-companies-relish-chinas-one-child-policy-reform.

52 Shan Juan, "Fewer Couples Want Second Child," *China Daily,* October 30, 2014, http://www.chinadaily.com.cn/china/2014-10/30/content_18825388.htm?utm_source=The+Sinocism+China+Newsletter&utm_campaign=1d33689d9e-Sinocism10_30_1410_30_2014&utm_medium=email&utm_term=0_171f237867-1d33689d9e-29619965&mc_cid=1d33689d9e&mc_eid=a85f130e96.

4 人口警察

1 Scharping, *Birth Control in China, 1949–2000,* 164.

2 馬世鵬，「翼城二胎試點二十八年：有村民想等有錢了再生二胎」，《東方早報》，November 12, 2013, http://epaper.dfdaily.com/dfzb/html/2013-11/12/content_834806.htm.

3 Betsy Hartmann, *Reproductive Rights and Wrongs: The Global Politics of Population Control* (Boston: South End Press, 1999), 164.

4 《中國衛生統計年鑑》（北京：北京協和醫學院，2010）

5 Scharping, *Birth Control in China, 1949–2000,* 55.

6 成效偉、趙曄嬌，「被指『粗暴執法』，溫州計生局官員稱罰款自由裁量」，中國新聞網，April 8, 2010, http://www.chinanews.com/sh/news/2010/04-08/2213437.shtml.

7 Scharping, *Birth Control in China, 1949–2000,* 72.

8 Ibid., 73.

9 Ibid., 176.

10 “Forced Abortion and Sterilization in China: The View from Inside,” hearing before the Subcommittee on International Operations and Human Rights of the Committee on International Relations, US House of Representatives, 105th Cong. (June 10, 1998), http://commdocs.house.gov/committees/intlrel/hfa49740.000/hfa49740_0f.htm.

11 Daniel Kwan, “Birth Control Couple Accused of Swindles,” *South China Morning Post,* July 1, 1998, http://www.scmp.com/article/246563/birth-control-couple-accused-swindles.

12 “Flap over 1-Child Policy Stirs,” *Washington Times,* February 18, 2009, http://www.washingtontimes.com/news/2009/feb/18/revival-of-us-aid-stirs-unease-on-beijings-one-chi/?page=all.

13 "Enforcing with a Smile," *Economist,* January 10, 2015, http://www.economist.com/news/china/21638131-enforcers-chinas-one-child-policy-are-trying-new-gentler-approach-enforcing-smile.

14 Amnesty International, "China: Thousands at Risk of Forced Sterilization," April 20, 2010, https://www.amnesty.org/en/documents/asa17/016/2010/en/.

15 Pang Jiaoming, *The Orphans of Shao: A True Account of the Blood and Tears of the One-Child Policy in China* (New York: Women' s Rights in China Organization Publishers, 2014), 60.

16 高皓亮、王海鷹、吳書光，「落戶與罰款脫鉤，讓『黑戶』孩子重見天日」，半月談，June 3, 2014, http://www.banyuetan.org/chcontent/jrt/2014531/102874.html.

17 Andrew Jacobs and Chris Buckley, "China Targeting Rights Lawyers in a Crackdown," *New York Times,* July 22, 2015, http://www.nytimes.com/2015/07/23/world/asia/china-crackdown-human-rights-lawyers.html?_r=0.

18 Robin Young and Jeremy Hudson, "How the Tiananmen Square Massacre Has Been Largely Forgotten," National Public Radio website, June 4, 2014, http://hereandnow.wbur.org/2014/06/04/tiananmen-louisa-lim.

5 小皇帝長大了

1 "Single-Child Population Tops 100 Million in China," *Xinhua* website, July 7, 2008, http://www.chinadaily.com.cn/china/2008-07/07/content_6825563.htm.

2 Tania Branigan, "China' s Cultural Revolution: Son' s Guilt over the Mother He Sent to Her Death," *The Guardian,* March 27, 2013, http://www.theguardian.com/world/2013/mar/27/china-cultural-revolution-sons-guilt-zhang-hongping.

3 孫雲曉，「夏令營中的較量」，《讀者》雜誌，November 1993，甘肅人民出版社。

4 陳丹燕編，《獨生子女宣言》（上海：海南出版公司，1997）。

5 X. T. Feng and X. T. Zhang, "Discussion of the Special Environment of the Socialization of the Only-Child," *Quarterly Journal of Social Sciences* 5 (1992): 33–37.

6 D. L. Poston Jr. and T. Falbo, "Academic Performance and Personality Traits of Chinese Children: 'Onlies' Versus Others," *American Journal of Sociology* 96, no. 2 (September 1990): 433–51.

7 郝克明，《中國獨生子女群體實證研究》（香港：廣東教育出版社，2010），p. 27。

8 L. Cameron, N. Erkal, L. Gangadharan, and X. Meng, "Little Emperors: Behavioral Impacts

of China' s One-Child Policy," *Science,* February 22, 2013.

9 Mei Zhong, "The Only Child Declaration: A Content Analysis of Published Stories by China' s Only Children," *Intercultural Communications Studies* 14, no. 1 (2005).

10 Ibid., 20.

11 Ibid., 21.

12 廉思，《蟻族：大學畢業生聚居村實錄》（廣西：廣西師範大學出版社，2010）。

13 中鐵建工集團招募廣告，February 3, 2015, http://www.buildhr.com/company/bfo6j/.

14 蔣曉春，「公司不要獨生子女富二代」，《金陵晚報》，June 24, 2014, E06.

15 Josh Chin, "China' s Communist Party Tells Kids Being a Loser Is Nothing to Be Proud Of," *Wall Street Journal,* December 3, 2014, http://blogs.wsj.com/chinarealtime/2014/12/03/communist-party-paper-warns-youth-on-dangers-of-self-deprecation/.

16 "China' s Losers," *Economist,* April 16, 2014, www.economist.com/news/china/21601007-amid-spreading-prosperity-generation-self-styled-also-rans-emerges-chinas-losers.

17 Chin, "China' s Communist Party Tells Kids Being a Loser Is Nothing to Be Proud Of."

18 Vanessa Fong, *Only Hope: Coming of Age Under China's One-Child Policy* (Stanford, CA: Stanford University Press, 2004), 164.

19 Zhao Xinying, "School Tests Blamed for Suicides," *China Daily,* May 14, 2014, http://usa.chinadaily.com.cn/china/2014-05/14/content_17505294.htm.

20 Louisa Lim, " 'Lightning Divorces' Strike China' s 'Me Generation,' " National Public Radio website, November 17, 2010, http://www.npr.org/2010/11/09/131200166/china-s-me-generation-sends-divorce-rate-soaring.

21 @KAKA不被找到, "12 Chinese Youths Sell Property to Travel the World," Tea Leaf Nation, May 31, 2012, http://www.tealeafnation.com/2012/05/12-chinese-youths-sell-property-to-travel-the-world/.

22 Du Benfeng, "Population Policy and One-Child Family Risk in China," *International Journal of Social Science and Humanities* 1, no. 1 (April 2012).

23 劉婷在二〇一五年春天動了多次性別重置手術。Margaux Schreurs, "Model Citizen Liu Ting Completes Gender Reassignment, Hailed by Media," *The Beijinger,* April 15, 2015, http://www.thebeijinger.com/blog/2015/04/15/model-citizen-liu-ting-undergoes-gender-reassignment-procedures-hailed-chinese-media.

6 歡迎來到玩偶之家

1 Quoted in Hvistendahl, *Unnatural Selection,* 109.

2 Jane Golley and Rod Tyers, "Gender 'Rebalancing' in China," *Asian Population Studies* 10, no. 2 (2014), http://www.tandfonline.com/doi/full/10.1080/17441730.2014.902159#abstract.

3 World Bank, "Gender Statistics Highlights from 2012 World Development Report," http://databank.worldbank.org/data/home.aspx. 中國社會科學院提出的男女出生比也是一一九：一〇〇這個數字，許多媒體都有引用，包括BBC的這個報導："China Faces Growing Gender Imbalance," BBC News, January 11, 2010, http://news.bbc.co.uk/2/hi/asia-pacific/8451289.stm.

4 World Bank, "Gender Gaps in China: Facts and Figures," October 2006, http://siteresources.worldbank.org/INTEAPREGTOPGENDER/Resources/Gender-Gaps-Figures&Facts.pdf.

5 Elisabeth Rosenthal, "Bitter Roots," *New York Times,* January 24, 1999.

6 Paul S. F. Yip and Ka Y. Liu, "The Ecological Fallacy and the Gender Ratio of Suicide in China," *British Journal of Psychiatry* 189, no. 5 (October 2006), http://bjp.rcpsych.org/content/189/5/465.

7 Mei Fong, "It' s Cold Cash, Not Cold Feet, Motivating Runaway Brides in China," *Wall Street Journal,* June 5, 2009.

8 Valerie Hudson and Andrea M. den Boer, *Bare Branches: The Security Implications of Asia's Surplus Male Population* (Cambridge, MA: MIT Press, 2004), 208.

9 張翼，「人口出生性別比失衡將引發十大問題」，《紅旗文稿》，no. 2 (2005): 13.

10 "Could Asia Really Go to War over These?" *Economist,* September 20, 2012, http://www.economist.com/node/21563316.

11 Valerie Hudson and Andrea den Boer, "The Security Risks of China' s Abnormal Demographics," *Washington Post,* April 30, 2014, http://www.washingtonpost.com/blogs/monkey-cage/wp/2014/04/30/the-security-risks-of-chinas-abnormal-demographics/.

12 Lena Edlund, Hongbin Li, Junjian Yi, and Junsen Zhang, "More Men, More Crime: Evidence from China' s One-Child Policy," available at SSRN: http://ssrn.com/abstract=1136376 or http://dx.doi.org/10.1111/j.0042-7092.2007.00700.x.

13 X. Zhou, Z. Yan, and T. Hesketh, "Depression and Agression in Never-Married Men in China: A Growing Problem," *Social Psychiatry and Psychiatric Epidemiology* 48, no. 7 (July 2013): 1087–93, http://www.ncbi.nlm.nih.gov/pubmed/23232692.

14 Wei Shang-Jin and Zhang Xiaobo, "Sex Ratios, Entrepreneurship, and Economic Growth in the People' s Republic of China," National Bureau of Economic Research Working Paper 16800, February 2011, http://www.nber.org/papers/w16800.

15 Wei Shang-Jin and Zhang Xiabo, "The Competitive Saving Motive: Evidence from Rising Sex Ratios and Savings Rates in China," *Journal of Political Economy* 119, no. 3 (June 2011): 511–64.

16 Golley and Tyers, "Gender 'Rebalancing' in China," 143.

17 Siwan Anderson, "Economics of Dowry and Brideprice," *Journal of Economic Perspectives* 21 (Fall 2007): 151–74.

18 Gwen Guilford, Ritchie King, and Herman Wong, "Forget Dowries: Chinese Men Have to Pay Up to $24,000 to Get a Bride," *Quartz,* June 9, 2013, http://qz.com/92267/in-a-reversal-of-the-dowry-chinese-men-pay-a-steep-price-for-their-brides/.

19 Qingyuan Du and Shang-Jin Wei, "A Sexually Unbalanced Model of Current Account Imbalances," National Bureau of Economic Research, May 2010, http://www.nber.org/papers/w16000.

20 Leta Hong Fincher, *Leftover Women: The Resurgence of Gender Inequality in China* (London:

Zed Books, 2014).

21 孫沛東，《誰來娶我的女兒？》（北京：社會科學出版社，2012）。

22 Simon Day, "Playing the Dating Game," *Southland Times*, February 6, 2013, http://www.stuff.co.nz/southland-times/life-style/8749732/Playing-the-dating-game.

23 Lucy Hornby, "Chinese Tech Groups Turn to Matchmaking," *Financial Times*, February 13, 2015, http://www.ft.com/cms/s/0/d91a8e6a-b1a8-11e4-a830-00144feab7de.html#axzz3eUJVhDq5.

24 Hong Fincher, *Leftover Women*, 30.

25 胡曉夢，「控制人口數量提升人口素質仍是中國必然選擇」，《人民日報》，December 20, 2000, http://www.envir.gov.cn/info/2000/12/1220794.htm.

26 朱玉，「人口素質成為影響我國競爭力的主要因素」，新華網，January 11, 2007, http://news.xinhuanet.com/politics/2007-01/11/content_5594195.htm.

27 "Leader Regrets Giving Equal Rights to Women," *New Straits Times*, July 31, 1994, http://news.google.com/newspapers?nid=1309&dat=19940731&id=PtxOAAAAIBAJ&sjid=gBMEAAAAIBAJ&pg=1931,4668371.

28 Malcolm Moore, "China's First Lady Peng Liyuan: A Perfectly Scripted Life," *The*

Guardian, April 3, 2013, http://www.telegraph.co.uk/news/worldnews/asia/china/9969052/Chinas-first-lady-Peng-Liyuan-a-perfectly-scripted-life.html.

29 丁陽，「女德班怪象：僅僅否定還不夠」，騰訊網，“About Women Morality Course: We Need More Than Just Negating It,” *Tencent Web,* September 23, 2014, http://view.news.qq.com/original/intouchtoday/n2925.html.

30 「東莞女德班被責令停辦，稱其違背社會道德風尚」，搜狐網站，September 26, 2014, http://news.sohu.com/20140926/n404677996.shtml.

31 Fong, *Only Hope*, 135.

32 Steve Crabtree and Anita Pugliese, “China Outpaces India for Women in the Workforce,” Gallup, November 2, 2012, http://www.gallup.com/poll/158501/china-outpaces-india-women-workforce.aspx.

33 US Department of State, “Trafficking in Persons Report 2007,” http://www.state.gov/j/tip/rls/tiprpt/2007/.

34 Lee Tae-hoon, “Female North Korean Defectors Priced at $1500,” *Korea Times Nation,* May 14, 2010.

35 Zhou Chi, Zhou Xu Dong, Wang Xiao Lei, Zheng Wei Jun, Li Lu, and Therese Hesketh,

"Changing Gender Preference in China Today: Implications for the Sex Ratio," *India Journal of Gender Studies* 20, no. 1 (February 2013): 51–68, http://ijg.sagepub.com/content/20/1/51.abstract.

7 好死不如賴活

1 Richard Jackson, Keisuke Nakashima, and Neil Howe, *China's Long March to Retirement Reform: The Graying of the Middle Kingdom Revisited* (Washington, DC: Center for Strategic and International Studies, 2009), http://csis.org/files/media/csis/pubs/090422_gai_chinareport_en.pdf.

2 Dexter Roberts, "China's Brewing Pension Crisis," *Bloomberg News*, August 9, 2012, http://www.businessweek.com/articles/2012-08-09/chinas-brewing-pension-crisis.

3 Ibid.

4 Ted Fishman, *Shock of Gray: The Aging of the World's Population and How It Pits Young Against Old, Child Against Parent, Worker Against Boss, Company Against Rival, and Nation Against Nation* (New York: Scribner, 2012).

5 Jackson, Nakashima, and Howe, *China's Long March to Retirement Reform.*

6 Atul Gawande, *Being Mortal: Medicine and What Matters in the End* (New York: Henry Holt and Company, 2014), 79.

7 "Life After Loss," *China Daily,* December 17, 2013, http://www.chinadaily.com.cn/html/feature/lifeafterloss/.

8 中華人民共和國國家衛生和計劃生育委員會，《2010中國衛生統計年鑑》，August 8, 2010, http://www.moh.gov.cn/htmlfiles/zwgkzt/ptjnj/year2010/index2010.html.

9 Yao Zhang, Lixin Zhang, and Liying Ren, "The First Shidu Parents Received Reimbursement," *Xinhua Daily Telegraph,* July 12, 2012, http://news.xinhuanet.com/mrdx/2012-07/12/c_131710347.htm.

10 David Moye, "Chen Shoutian Under Fire for Making 100-Year-Old Mom Sleep with a Pig," *Huffington Post Weird News,* December 18, 2012, http://www.huffingtonpost.com/2012/12/17/chen-shoutian-under-fire-_n_2317912.html.

11 Associated Press, "Elderly Chinese Woman, 94, Sues Her Daughter for Care as Aging Population Presents New Problems for Governments," *New York Daily News,* October 12, 2013, http://www.nydailynews.com/news/world/edlerly-chinese-woman-sues-daughter-care-

article-1.1483711.

12 Yan Yunxiang, *Private Life Under Socialism: Love, Intimacy and Family Change in a Chinese Village, 1949–1999* (Stanford, CA: Stanford University Press, 2003).

13 Y. Zhao, Y. Hu, J. P. Smith, J. Strauss, and G. Yang, "Cohort Profile: The China Health and Retirement Longitudinal Study (CHARLS)," *International Journal of Epidemiology* 43, no. 1 (2014): 61–68, http://dx.doi.org/10.1093/ije/dys203.

14 Jackson, Nakashima, and Howe, *China's Long March to Retirement Reform,* 3–17.

15 Coco Liu, "China Death Taboo on Its Way Out," *Global Post,* November 15, 2010, http://www.globalpost.com/dispatch/china/101108/hospice-care-health-aging-culture.

16 Reuters, "China Bans Tomb-Sweepers' 'Vulgar' Burned Offerings," *China Daily,* April 25, 2006, http://www.chinadaily.com.cn/china/2006-04/25/content_576881.htm.

17 E. R. Dorsey, Radu Constantinescu, J. P. Thompson, Kevin Biglan, R. G. Holloway, and K. Kieburtz, "Projected Number of People with Parkinson Disease in the Most Populous Nations, 2005 Through 2030," *Neurology* 68, no. 5 (February 2007): 384–86, http://www.researchgate.net/publication/6715222_Projected_number_of_people_with_Parkinson_disease_in_the_most_populous_nations_2005_through_2030._Neurology.

8 紅線斷了

1 一九九五至二〇一三年間，共有十二萬二千六百六十一名中國兒童被領養。Australian InterCountry Adoption Network (AICAN) and Peter Selman, Newcastle University, http://www.aican.org/statistics.php?region=0&type=birth.

2 InterCountry Adoption, Bureau of Consular Affairs, US Department of State, http://travel.state.gov/content/dam/aa/pdfs/fy2014_annual_report.pdf.

3 Ibid.

4 Scott Tong, "The Dark Side of Chinese Adoptions," *Marketplace,* May 5, 2010, http://www.marketplace.org/topics/life/dark-side-chinese-adoptions.

5 Barbara Demick, "Some Chinese Parents Say Their Babies Were Stolen for Adoption," *Los Angeles Times,* September 20, 2009, http://articles.latimes.com/2009/sep/20/world/fg-china-adopt20.

6 上官敫明，「邵氏『棄兒』」，《財新》，May 10, 2011, http://english.caixin.com/2011-05-10/100257699.html.

7 "Chinese Baby Girls Sold for Adoption," UPI, July 2, 2009, http://www.upi.com/Top_

News/2009/07/02/Chinese-baby-girls-sold-for-adoption/UPI-52961246593352/?st_rec=63831376140810.

8 "Doctor, Eight Others Arrested in Chinese Baby-Selling Scandal," UPI, August 10, 2013, http://www.upi.com/Top_News/World-News/2013/08/10/Doctor-eight-others-arrested-in-Chinese-baby-selling-scandal/63831376140810/#ixzz3UEJALYoH.

9 這個數字是根據半邊天基金會網站公布的財務紀錄計算而得，也經過該基金會公關主任 Patricia King 確認，July 17, 2014.

10 David Smolin, "The Corrupting Influence of the United States on a Vulnerable Intercountry Adoption System: A Guide for Stakeholders, Hague and Non-Hague Nations, NGOs, and Concerned Parties," *Utah Law Review* no. 4 (2013), http://epubs.utah.edu/index.php/ulr/article/viewArticle/1166.

11 Kay Ann Johnson, *Wanting a Daughter, Needing a Son: Abandonment, Adoption, and Orphanage Care in China* (St. Paul, MN: Yeong & Yeong Books, 2004). See also Johnson' s forthcoming *China's Hidden Children: Abandonment, Adoption, and the Human Costs of the One-Child Policy* (Chicago: University of Chicago Press, 2016).

12 Kate Blewett and Brian Woods, *The Dying Rooms,* Lauderdale Productions, 1995, http://

www.imdb.com/title/tt0112919/.

13 "Death by Default: A Policy of Fatal Neglect in China' s State Orphanages," Human Rights Watch report, January 1, 1996, http://www.hrw.org/reports/1996/01/01/death-default.

14 Brian Stuy' s blog, http://research-china.blogspot.com/search?q=RED%20BIRTH%20NOTE&max-results=20&by-date=true, as well as interviews with the author.

15 Brian H. Stuy, "Brian H. Stuy (with Foreword by David Smolin), Open Secret: Cash and Coercion in China' s International Adoption Program," *Cumberland Law Review* 44, no. 3 (2014): 355–422, http://works.bepress.com/david_smolin/15.

16 「中國兒童家庭」協會目前擴張為「亞洲兒童家庭協會」（Families with Children from Asia）。

17 Grace Newton, *The Red Thread Is Broken* (blog), https://redthreadbroken.wordpress.com/.

18 與作者的訪談，September 25, 2014.

19 Karin Evans, *The Lost Daughters of China: Adopted Girls, Their Journey to America, and the Search for a Missing Past* (New York: Tarcher, 2008).

20 Jeff Gammage, *China Ghosts: My Daughter's Journey to America, My Passage to Fatherhood* (New York: Harper Perennial, 2008).

9 跨境嬰兒

1 「我國首例『試管嬰兒』迎來二十歲生日，已是大學生」，新華網，February 26, 2008, http://www.china.org.cn/china/sci_tech/2008-02/26/content_10784222.htm.

2 Jared Yee, "Rising Demand for IVF in China Causes Spread of Unlicensed Clinics," *BioEdge,* November 3, 2010, http://www.bioedge.org/index.php/bioethics/bioethics_article/rising_demand_for_ivf_in_china_causes_spread_of_unlicensed_clinics.

3 許沁、王豔輝，「多胞胎出生率為何上揚」，鳳凰網，*Fenghuang Web,* January 30, 2013, http://fashion.ifeng.com/baby/haoyun/detail_2013_01/30/21777648_1.shtml.

4 Wei Huang, Xiaoyan Lei, and Yaohui Zhao, "One-Child Policy and the Rise of Man-Made Twins," Forschungsinstitut zur Zukunft der Arbeit, Institute for the Study of Labor, August 2014, http://ftp.iza.org/dp8394.pdf.

5 「雲南曲靖為超生，偽造七百雙胞胎」，人民網，July 28, 2000, http://www.people.com.cn/GB/channel1/13/20000728/163617.html.

6 呂爽、羅芸，「各地雙胞胎出生率大增多為吃藥造成」，新浪網，January 22, 2013, http://baby.sina.com.cn/news/2013-01-22/084158010.shtml?oda_pick_aid=0&oda_pick_

mid=0&oda_pick_pid=3411627&oda_pick_sid=0&oda_pick_st=1&pl=0&kid=0&ct=0.

7 Alexa Olesen, " 'Octomom' in One-Child China Stuns Public," *USA Today,* December 30, 2011, http://usatoday30.usatoday.com/news/health/wellness/story/2011-12-30/Octomom-in-one-child-China-stuns-public/52284636/1.

8 "Strict Selection Before Surrogacy and 4 Abortions for Bearing a Boy," *Guangming Web,* January 12, 2015, http://life.gmw.cn/2015-01/12/content_14478195.htm.

9 James Pomfret, "Forced Abortions Shake Up China Wombs-for-Rent Industry," Reuters, April 30, 2009, http://www.reuters.com/article/2009/04/30/us-china-surrogacy-idUSTRE53T04D20090430.

10 Olesen, " 'Octomom' in One-Child China Stuns Public."

11 Massoud Hayoun, "Understanding China' s One-Child Policy," *The National Interest,* August 15, 2012, http://nationalinterest.org/commentary/understanding-chinas-one-child-policy-7330.

12 "Study to Assess Impact of Air Pollution on Fertility," *Environmental Technology,* September 10, 2013, http://www.envirotech-online.com/news/air-monitoring/6/breaking_news/study_to_assess_impact_of_air_pollution_on_fertility/26787/.

13 Ibid.

14 張長風，「上海精子庫十年監測：2/3捐精者不達標」，新民網，November 6, 2013, http://shanghai.xinmin.cn/xmsq/2013/11/06/22552119.html.

15 Tom Phillips, “Pollution Pushes Shanghai Towards Semen Crisis,” *The Telegraph,* November 7, 2013, http://www.telegraph.co.uk/news/worldnews/asia/china/10432226/Pollution-pushes-Shanghai-towards-semen-crisis.html.

16 王偉光、鄭國光，《氣候變化綠皮書：應對氣候變化報告》（北京：社會科學出版社，2013）。

17 “Bare Branches, Redundant Males,” *Economist,* April 16, 2015, http://www.economist.com/news/asia/21648715-distorted-sex-ratios-birth-generation-ago-are-changing-marriage-and-damaging-societies-asias.

18 Alice Yang and Jeremy Blum, “Pollutants’ Effect on Infertility Rates in China to Be Examined,” *South China Morning Post,* September 4, 2013.

19 Shitong Nie, “Woman Accused Deputy of City Construction Bureau in Changde’ s Deshan Economic Development Zone,” *Zhongyuan Web,* March 11, 2014, http://zx.zynews.com/whzx/134537.html.

20 黃建良、岳湘生，「湖南郴州原副市長雷淵利曾包養九名情婦」，新浪網，May 11, 2006, http://news.sina.com.cn/c/l/2006-05-11/11219831007.shtml.

21 與作者的訪談，March 5, 2015.

22 Wendie Wilson-Miller與本書作者的訪談，March 6, 2015.

23 Miriam Jordan, "Federal Agents Raid Alleged 'Maternity Tourism' Businesses Catering to Chinese," *Wall Street Journal,* March 3, 2015, http://www.wsj.com/articles/us-agents-raid-alleged-maternity-tourism-anchor-baby-businesses-catering-to-chinese-1425404456.

24 Wilson-Miller與本書作者的訪談，March 6, 2015.

25 Niu Yujie, Yang Youmeng, Li Yajuan, Tang Qi, Zhang Yixi, Xu Linyong, and Zhang Helong, "A Study upon Knowledge and Awareness of Genetic Screening and Influencing Factors in Changsha," *Practical Preventive Medicine* 22, no. 1 (January 2015).

26 Bregtje van der Haak, *DNA Dreams* (documentary), Netherlands, 2012, http://www.nposales.com/dna-dreams/.

27 John Bohannon, "Why Are Some People So Smart? The Answer Could Spawn a New Generation of Superbabies," *Wired,* July 16, 2013 http://www.wired.com/2013/07/genetics-of-iq/.

28 Sun-Wei Guo, "China: The Maternal and Infant Health Care Law," *eLS,* April 16, 2012, http://onlinelibrary.wiley.com/doi/10.1002/9780470015902.a0005201.pub2/abstract.

29 Wang Guisong, "Constitutionality Adjustment on China Eugenics Law," *Study in Law and Business,* no. 2 (2011).

30 "Only 1/10th Chinese Couples Had 2nd Child After Policy Relaxed."

31 Lauren Sandler, "Chinese Parents Can Now Have More Than One Child. Why Many Say They Won' t," *Washington Post,* January 10, 2014, http://www.washingtonpost.com/opinions/chinese-parents-can-now-have-more-than-one-child-why-many-say-they-wont/2014/01/10/2c9811de-73c5-11e3-8def-a33011492df2_story.html.

32 Ma Xiaohong, "Birth Policy' s Enlightenment: Child-Bearing Trends in Different Districts," *Population and Development,* no. 6 (2011).

33 Susan Greenhalgh, "Fertility as Mobility: Sinic Transitions," *Population and Development Review* 14, no. 4 (December 1988): 629–74, http://www.jstor.org/stable/1973627.

紅書系
熱情的議論 16

獨生：中國最激進的社會工程實驗

作者	方鳳美（Mei Fong）
總編輯	莊瑞琳
責任編輯	吳崢鴻
特約編輯	向淑容
封面設計	蔡南昇
排版	藍天圖物宣字社
社長	郭重興
發行人兼出版總監	曾大福
出版	衛城出版
發行	遠足文化事業股份有限公司
地址	23141 新北市新店區民權路 108-2 號九樓
電話	02-22181417
傳真	02-86671065
客服專線	0800-221029
法律顧問	華洋法律事務所 蘇文生律師
製版	瑞豐電腦製版印刷股份有限公司
初版	2017 年 11 月
定價	360 元

獨生：中國最激進的社會工程實驗 / 方鳳美（Mei Fong）著. -- 初版. -- 新北市：衛城出版：遠足文化發行, 2017.11
面； 公分. --（紅書系；16）
譯自：One child : the story of China's most radical experiment
ISBN 978-986-95334-6-1（平裝）

1.人口政策 2.家庭計畫 3.二十一世紀 4.中國

542.132 106020579

填寫本書線上回函

ACRO POLIS
衛城出版
Email acropolis@bookrep.com.tw
Blog www.acropolis.pixnet.net/blog
Facebook www.facebook.com/acropolispublish

● 親愛的讀者你好，非常感謝你購買衛城出版品。
我們非常需要你的意見，請於回函中告訴我們你對此書的意見，
我們會針對你的意見加強改進。

若不方便郵寄回函，歡迎傳真回函給我們。傳真電話—— 02-2218-1142

或是到「衛城出版 FACEBOOK」留言
http://www.facebook.com/acropolispublish

● 讀者資料

你的性別是 □ 男性 □ 女性 □ 其他

你的職業是 ________________ 你的最高學歷是 ________________

年齡 □20歲以下 □21～30歲 □31～40歲 □41～50歲 □51～60歲 □60歲以上

若你願意留下 e-mail，我們將優先寄送 ________________ 衛城出版相關活動訊息與優惠活動

● 購書資料

● 請問你是從哪裡得知本書出版訊息？(可複選)
□ 實體書店 □ 網路書店 □ 報紙 □ 電視 □ 網路 □ 廣播 □ 雜誌 □ 朋友介紹
□ 參加講座活動 □ 其他 ________

● 是在哪裡購買的呢？（單選）
□ 實體連鎖書店 □ 網路書店 □ 獨立書店 □ 傳統書店 □ 團購 □ 其他 ________

● 讓你燃起購買慾的主要原因是？(可複選)
□ 對此類主題感興趣 □ 參加講座後，覺得好像不賴
□ 覺得書籍設計好美，看起來好有質感！ □ 價格優惠吸引我
□ 議題好熱，好像很多人都在看，我也想知道裡面在寫什麼 □ 其實我沒有買書啦！這是送（借）的
□ 其他 ________

● 如果你覺得這本書還不錯，那它的優點是？(可複選)
□ 內容主題具參考價值 □ 文筆流暢 □ 書籍整體設計優美 □ 價格實在 □ 其他 ________

● 如果你覺得這本書讓你好失望，請務必告訴我們它的缺點（可複選)
□ 內容與想像中不符 □ 文筆不流暢 □ 印刷品質差 □ 版面設計影響閱讀 □ 價格偏高 □ 其他 ________

● 大都經由哪些管道得到書籍出版訊息？(可複選)
□ 實體書店 □ 網路書店 □ 報紙 □ 電視 □ 網路 □ 廣播 □ 親友介紹 □ 圖書館 □ 其他 ________

● 習慣購書的地方是？(可複選)
□ 實體連鎖書店 □ 網路書店 □ 獨立書店 □ 傳統書店 □ 學校團購 □ 其他 ________

● 如果你發現書中錯字或是內文有任何需要改進之處，請不吝給我們指教，我們將於再版時更正錯誤
____
____
____
____
____

請沿虛線剪下

廣告回信
臺灣北區郵政管理局登記證
第 1 4 4 3 7 號

請直接投郵•郵資由本公司支付

23141
新北市新店區民權路108-2號 9樓

衛城出版 收

● 請沿虛線對折裝訂後寄回，謝謝！

ACROPOLIS 衛城出版

紅書系
熱情的議論

ACRO
POLIS
衛城
出版

ACRO
POLIS
衛城
出版